KESTER SCHLENZ

ICH KOMM DA NICHT MEHR MIT

mosaik

KESTER SCHLENZ

ICH KOMM DA NICHT MEHR MIT

Wie Informationsflut und
digitale Überforderung uns
in den Wahnsinn treiben –
wenn wir es zulassen!

mosaik

FSC www.fsc.org
MIX
Papier | Fördert gute Waldnutzung
FSC® C014496

Penguin Random House Verlagsgruppe FSC® N001967

1. Auflage
Originalausgabe April 2024

Umschlag: Sabine Kwauka
Umschlagmotiv: shutterstock/Aha-Soft
Redaktion: Dagmar Rosenberger
Satz: Uhl + Massopust, Aalen
Druck und Bindung: GGP Media GmbH, Pößneck
Printed in Germany
CH · IH
ISBN 978-3-442-39419-7

www.mosaik-verlag.de

Inhalt

Vorwort

Vor einiger Zeit schrieb ich für das Magazin *Stern* eine Titelgeschichte. Darin schilderte ich, wie mich die tägliche Informationsflut zu überfordern droht. All die Breaking News, Info-Häppchen, Mails, SMS-Nachrichten, der Dauer-Austausch auf Social Media und die Flut der Serien, Filme oder Dokus, die ich (angeblich) sehen muss, um mitreden zu können. Ich hatte gemerkt, dass mir das alles in dieser Ballung und Schnelligkeit wahnsinnig auf die Nerven zu gehen begann. Immer öfter dachte und fühlte ich: Das ist zu viel. Das ist nicht mehr gut. Da komme ich nicht mehr mit.

Aber konnte ich als Journalist, der auch von aktuellen Nachrichten lebt, so etwas überhaupt zugeben? Zu meinem Erstaunen fanden alle Kolleginnen und Kollegen die Idee für einen solchen Artikel gut. Ich sprach offenbar vielen aus dem Herzen. Also recherchierte ich zum Thema Informationsflut und schrieb los. Die Geschichte kam auch bei den Leserinnen und Lesern des *Stern* gut an, wie mir zahlreiche Leserbriefe zeigten.

Kurz darauf erhielt ich eine Mail meiner Lektorin beim Mosaik Verlag, mit der ich häufig zusammenarbeite, wenn ich Sachbücher schreibe. Ob ich nicht ein Buch zu diesem Thema schreiben wolle. Ich sagte nein. Weil ich dachte, ich hätte in meinem Zeitschriftenartikel schon alles zu diesem Thema gesagt.

Machen wir es kurz: Das hatte ich nicht. Immer wieder wurde ich auf den Artikel angesprochen, fand neue Aspekte und merkte, dass es noch sehr viel mehr zu erzählen gab. Denn die Informationsflut ist nur eine Seite des Problems: Wir sollen nicht nur immer mehr Informationen immer schneller konsumieren, verarbeiten und nutzen, also immer mehr *wissen*. Nein, wir sollen und müssen auch immer mehr *können* und *selber machen* in der angeblich so schönen neuen digitalen Welt. Die sich aber für mich immer mehr gegen uns Menschen zu wenden scheint und unser Leben komplizierter statt leichter macht. Ich zumindest spüre: Diese moderne, digitale Welt und ich – das passt immer öfter nicht mehr so richtig zusammen. Ich gebe mir Mühe. Aber die Welt nicht.

Ich soll immer irgendwas machen, bestätigen, ablesen, eingeben, aktualisieren, verifizieren und runterladen. Und bin überfordert, weil man einfach zu viel von mir fordert: Wissen, Kompetenzen, Flexibilität, Zeitmanagement, Anpassung. Das Ergebnis: Es nervt. Es stresst. Es ärgert mich. Und macht mich wütend, denn ich stecke so oft fest und fühle mich schlecht.

All das erzähle ich in diesem Buch. Mit vielen Beispielen aus dem alltäglichen Wahnsinn, der uns umgibt. Und ich vermute und hoffe, Sie werden sich beim Lesen sehr oft wiederfinden. Denn ich weiß: Ich bin nicht allein. Es geht nicht nur mir so.

Und es geht so nicht weiter.

Deshalb versuche ich im zweiten Teil des Buches, Wege aus diesem Überforderungswahn zu finden. Ich bin kein Experte, nur ein Betroffener. Aber ich habe mit Experten und Expertinnen gesprochen. Leute, die wissen, dass wir dabei sind, uns kaputtzumachen, wenn wir so weitermachen. Die beschriebenen Wege zu mehr Ruhe, Abstand und innerer Gelassenheit mögen Ihnen vielleicht zu einfach oder zu allgemein klingen oder Ihnen schon bekannt vorkommen. Mag sein. Aber oft ist die Lösung einfach, nur eben schwer umzusetzen. Und manchmal – das wissen alle Menschen mit Therapieerfahrungen – muss man sich die Dinge immer wieder sagen oder sagen lassen, bis das, was wichtig und richtig ist, wirklich ankommt.

Ich habe es versucht und ich versuche es weiter. Denn es geht mir besser. Auch davon erzähle ich.

Ich grüße Sie herzlich
Ihr
Kester Schlenz

1.

Zwischen Übersättigung und Erschöpfung

Wahrscheinlich kennen Sie es alle: dieses Gefühl, wenn es zu viel wird. Wenn es einfach reicht mit all den News, Mails, Messenger-Kontakten, Anrufen, SMS-Nachrichten, Serien, Jingles, Werbeslogans, Terminvorschlägen, Cookies, Podcasts und Pushnachrichten – und auf dem Tisch liegt die Tageszeitung und raunt: Lies mich!

Informationen sind wichtig, aber aus dem Nachrichtenfluss ist eine Flut geworden, die uns verschlingt. Ich habe das Gefühl, schon bis zu den Hüften im Wasser zu stehen. Ich ertrinke in News.

Mir reicht's!

Dabei bin ich Journalist. Informiert zu sein ist mein Beruf. Ich habe mich bisher immer für jemanden gehalten, der auf der Höhe der Zeit ist, sachkundig und meinungsbereit. Ich wusste Bescheid. Ich gebe es nicht gern zu, aber diese Gewissheit schwindet rasant. Ich gebe mir Mühe, aber das Unbehagen wird immer größer. Wir alle haben nicht nur immer längere To-do-Listen zu bewältigen, sondern müssen auch immer mehr To-know-Listen abarbeiten. »Wissen ist Macht« gilt heute mehr denn je. Aber dieses Wissen-Müssen, das Up-to-date-Sein, das Immer-schneller-Werden – das überfordert mich.

Um mich herum tobt ein thematisches Dauerfeuer auf allen Ebenen. Jeden Tag. Schon morgens meldet das Smartphone die ersten Pushnachrichten. Kaum bin ich wach, da hat gefühlt schon jeder etwas zum Neuesten getwittert, gemailt, es kommentiert und nicht selten dabei gepöbelt. Nie war mehr Meinung. Alle sagen was, aber kaum einer hat mehr Ahnung.

News schwirren wie Heuschreckenschwärme durch den Tag und setzen sich auf uns. Die Welt rückt uns auf beispiellose Weise zu Leibe. Und das Smartphone ist das Tor zu dieser Welt. Es macht uns zu Getriebenen eines immerwährenden globalen Informationsstroms, den wir kaum noch bewältigen können. Zu allem soll ich mich irgendwie verhalten: zum Klimawandel, zur Energiewende, zum Veganismus, zur Flüchtlingspolitik, zum Gendern, zur Identitätspolitik, zu Kryptowährungen, zu kultureller Aneignung, zur neuen Netflixserie, zu Russland, der Ukraine, zu Israel, Palästina, China, zur Lage in Afrika, zur Krise auf dem Balkan, zur künstlichen Intelligenz, zum Islam, zu Wärmepumpen, energetischer Sanierung, zur Raubkunst-Debatte, zur richtigen Geldanlage und zur optimalen Gesundheitsvorsorge. »Was sagst du dazu? Findest du nicht auch, dass …? Hast du schon gehört?«

Gehört ja, aber noch nicht alles durchdrungen. »Lass mich doch erst mal darüber nachdenken«, möchte ich antworten. Aber das sage ich nicht. Auch von mir kommt meist sofort eine Meinung. Manchmal muss ich sie korrigieren. Und manchmal bin ich hinterher froh, geschwiegen zu haben. Überall vermintes Gelände. Man kann so schnell so viel falsch machen. Der gefährlichste Knopf der Welt ist »senden« bei Facebook, Twitter oder Instagram. Das Netz ist die Spinne. Es hockt da und wartet auf Fehler. Shitstorms sind die neue Inquisition, und noch nie war es so einfach, Streit, Hass, bewusstes Missverstehen und schnelle Urteile zu verbreiten. Und ich mache mit. Aber ich fühle mich nicht mehr wohl damit. »Outrage Fatigue« nennen das die Fachleute: »Empörungserschöpfung«.

Liegt es an mir? Am Alter? Ich bin, während ich dieses Buch schreibe, vierundsechzig Jahre alt. Bin ich zu bequem und unflexibel geworden? Vielleicht. Aber ich glaube das nicht. Ich bin immer noch interessiert und motiviert. Aber ich habe nun mal – wie die meisten von uns – nur eine begrenzte Aufnahmekapazität. Und ich bin zunehmend »news-gesättigt«. Ich habe mich an Informationen und herausgebrüllten Meinungen förmlich überfressen. Das tut mir nicht gut. Aber ich hatte immer das Gefühl, dass das alles sein muss. Dass ich weiter alles in mich reinfressen muss, weil alle anderen es auch tun und ich sonst abgehängt werden könnte. Guck, da hat schon wieder einer getwittert! Und ich weiß noch nicht mal genau, um was es geht. Ich bin wohl zu langsam. Vielleicht ist auch mein Info-Magen zu klein. »Mehr Speed, Digger!«, sagt eine Stimme in meinem Kopf. Ich weiß übrigens, dass Twitter jetzt X heißt, aber ich mag nicht »x-en« sagen, nur weil Herr Musk das will. Deshalb benutze ich in diesem Buch noch den Begriff »Twitter«.

Für den Bestseller-Autor und Philosophen Rolf Dobelli (»Die Kunst des klaren Denkens«) ist diese News-Flut eine echte Gefahr, denn sie erzeuge »die Illusion, wir würden die Welt besser verstehen und seien irgendwie mit ihr verbunden«. Doch das Gegenteil sei, so Dobelli, der Fall. »News«, sagte er mir in einem Interview, »sind reine Zeitverschwendung. Sie stehlen unsere Aufmerksamkeit. Sie machen süchtig.« News, das sind für Dobelli »all diese Kurzmeldungen aus aller Welt, die überall auf uns einstürmen. Diese schnellen Info-Häppchen: Zwei Präsidenten haben sich getroffen. Irgendwo startet eine Rakete. Ein Vulkan ist ausgebrochen. Ein Promi-Paar hat sich getrennt. Trump twittert was. Ich meine all diese Meldungen, die aufsehenerregend oder schockierend wirken, die aber eigentlich völlig belanglos sind. Vor allem für das persönliche Leben der meisten Menschen und ihr Weltverständnis. Ich nenne sie Massenvernichtungswaffen gegen den gesunden Menschenverstand.«

Mir klingt das ein wenig zu krass, aber dennoch nachdenkenswert. Muss ich wirklich alles konsumieren, was man mir als »Breaking News« aufzwingen will? Muss ich wissen, was Oliver Pocher wieder getwittert hat oder dass Herzogin Kate ganz gut Tennis spielt?

Aber es geht ja nicht nur um Überflüssiges, Belangloses und Nerviges, mit dem wir alle täglich bombardiert werden. Dieses Info-Fast-Food ohne inhaltliche Ballaststoffe ist sozusagen der umfangreiche Beifang inmitten echter, »harter« Nachrichten, die uns aber in ihrer schieren Masse nicht weniger bedrängen und überfordern. Wir können sie nicht mehr bewältigen, wollen sie aber auch nicht ignorieren. Also hat man ständig – ich kenne das von mir selbst – dieses ungute Gefühl, die wirklich wichtigen Nachrichten im unendlichen Datenstrom zu übersehen.

Hinzu kommt, dass es leider mehrheitlich schlechte Nachrichten sind, weil wir alle die Tendenz haben, uns eher für das Negative zu interessieren. Ein Überbleibsel unserer Evolution. Es war wichtiger für den frühen Menschen, schnell zu erfahren, wo Gefahren drohen, statt sich am Plätschern eines Wasserfalls zu erfreuen oder zu hören, dass es »Ugur« aus der Nachbarhöhle gut geht. Interessanter waren da schon die News, dass es »Ugur« schlecht geht, weil er diese lecker aussehenden roten Beeren gegessen hat.

Und so saugen wir sie auf, all die Nachrichten über Kriege, Seuchen, Verbrechen, Gefahren oder Katastrophen. Und manche können gar nicht mehr damit aufhören. Eine Negativspirale, die nicht selten Ängste, Wut, Trauer, Entsetzen oder Ohnmacht erzeugt. Es gibt dafür sogar einen Fachbegriff: »Doomscrolling« – die zwanghafte Neigung, sich exzessiv mit schlechten Nachrichten zu beschäftigen. Das Wort setzt sich zusammen aus »Doom«, dem englischen Wort für Untergang oder Verderben, und »scrolling«, also dem Verschieben auf dem Bildschirm. Studien belegen, dass dieses »Doomscrolling« Ängste und Depressionen steigert und zu Schlafstörungen und der vermehrten Ausschüttung von Stresshormonen führt. Das Negative der News verstärkt zudem – was nicht verwundert – bei nahezu allen Rezipienten negative Gedanken und Gefühle.

Hinzu kommt, dass zwar der Umfang an Informationen immer rapider zunimmt, nicht jedoch deren Qualität. Wir allen kennen das aus Blogs und sozialen Netzwerken. Oft wird nicht informiert, sondern polemisiert, gepöbelt und noch schlimmer: gelogen. Das Phänomen der Falschnachrichten, der so genannten Fake News, ist ein weltweites Problem von ungeheurer Zerstörungskraft, wie uns die gesellschaftliche Spaltung in den USA und der Siegeszug von Populisten und Autokraten überall auf der Welt zeigen. Genau die setzen nämlich auf diese Fake News, um ihre Ziele zu erreichen. Die Falschnachrichten kommen in der Verkleidung echter Fakten daher, sind aber nahezu immer Lügen, Halbwahrheiten, Verdrehungen oder Teil von Verschwörungstheorien.

Die Verantwortlichen liefern Desinformation statt seriöser Fakten, um Macht zu erlangen und zu sichern, Gegner zu diskreditieren oder ein krudes Weltbild zu verbreiten. Wir können das gerade im Zusammenhang mit dem russischen Angriffskrieg gegen die Ukraine beobachten: Desinformation und Fake News gehörten von Anfang an zur psychologischen Kriegsführung. Verbreitet durch russische Staatsmedien oder durch vom Kreml beauftragte Player. Überall auf der Welt gibt es solche dubiosen »Nachrichtenseiten« und so genannte »Fake Accounts«. Und wir ohnehin schon gestressten News-Empfänger müssen uns nun auch noch ständig fragen, wie glaubwürdig die Quellen der Absender sind.

Umso wichtiger ist es, dass wir nur seriösen Medien vertrauen und dem Gegröle von Populisten keinen Glauben schenken, die gegen die »Lügenpresse« und den angeblichen »Staatsfunk« hetzen. Leider verfängt diese Polemik bei vielen. Es gibt berechtigte Kritik am öffentlich-rechtlichen Rundfunk und seinen aufgeblähten Strukturen. Aber die Nachrichten, Dokumentationen und Reportagen, die dort in Radio und Fernsehen laufen, und auch die Print-Berichterstattung in den so genannten »Leitmedien«, wie dem *Spiegel*, der *Zeit*, dem *Stern*, der *FAZ*, der *Frankfurter Rundschau* oder der *Süddeut-*

schen Zeitung sind immer noch verlässlich, meist ausgewogen und vor allem seriös. Was man allein schon daran erkennt, dass in der *Tagesschau* oder im *heute-Journal* nach der Berichterstattung über die Arbeit der Regierung und neue Gesetzesvorhaben immer auch die Opposition mit ihrer Kritik daran zu Wort kommt. So etwas findet man in US-Krawallsendern wie *Fox-News* nicht. Ebenso wenig wie eine eigene Korrekturenseite, wie sie z. B. die *Tagesschau* im Internet anbietet, auf der sie Fehler einräumt und richtigstellt.

Risiken und Nebenwirkungen der »Infodemie«

Brandgefährlich wird es auch, wenn es bei Fake News um Gesundheitsthemen geht. Der Chef der Weltgesundheitsorganisation (WHO), der Äthiopier Tedros Adhanom Ghebreyesus, prägte im Zusammenhang mit der Ausbreitung des Corona-Virus einen neuen Begriff. »Wir bekämpfen«, sagte er, »nicht nur eine Epidemie, wir bekämpfen auch eine Infodemie.« Gemeint ist damit die wachsende Flut von medizinischen Informationen in allen möglichen Medien, die teilweise richtig, aber eben auch sehr oft falsch sind. Den Rezipienten fällt es jedoch im News-Gewitter zunehmend schwer, zwischen Fake News, Halbwahrheiten und seriösen, vertrauenswürdigen Nachrichten und Quellen zu unterscheiden. Gerade, wenn der Absender sich seriös gibt und vielleicht sogar einen (angeblichen) Doktortitel hat.

Während der Corona-Pandemie explodierte die Zahl falscher Nachrichten, vor allem in den sozialen Medien. Die Pandemie, die die Menschen massiv verunsicherte und anfällig für vermeintlich einfache Antworten machte, war die Geburtsstunde der »Querdenker« und ihrer »alternativen Fakten«, die aber vor allem Lügen, Gerüchte und Halbwahrheiten waren. Hauptsache, es ging gegen das »Regierungsnarrativ«. Da wurde vehement gegen das Impfen polemisiert und das Virus verharmlost, wurden Masken und Schutzmaßnahmen abgelehnt oder dubiose alternative Arzneien oder Therapien empfohlen.

Manche davon waren regelgerecht gesundheitsgefährdend, wie etwa die Falschmeldung, Desinfektionsmittel oder Methanol könnten innerlich angewendet Corona heilen. Auch die Behauptung, Knoblauch schütze vor einer Covid-Infektion, war natürlich schlichtweg fahrlässiger Unsinn. Ebenso wie die Behauptung, Kuhdung wäre ein Corona-Gegenmittel. Wahlweise wurden auch verdünntes Arsen oder das Trinken von Bleichmitteln empfohlen. Aber die Saat ging auf. Etliche Menschen glaubten diesen Unsinn, brachten sich in Gefahr oder begannen, an den offiziellen Verlautbarungen der medizinischen Experten und der zuständigen Politiker zu zweifeln. Nach dem Motto: Impfen? Steckt da nicht Bill Gates hinter?

Interessant ist in diesem Zusammenhang eine Studie des »Massachusetts Institute of Technology« (MIT) aus dem Jahr 2018, die ich auf einer Info-Seite der Verbraucherzentrale NRW zum Thema »Infodemie« fand. Sie zeigt die unheilvolle Macht von Social Media. Unwahre Behauptungen und Nachrichten, so das MIT, würden sich auf Twitter deutlich schneller verbreiten und mehr Menschen erreichen als wahre Informationen. Lügen hätten sogar eine um 70 Prozent höhere Wahrscheinlichkeit, von Usern weiterverbreitet zu werden. Mir wird angesichts solcher Zahlen angst und bange. Die Lüge siegt. Und die Wahrheit bleibt in den aufgeheizten Echokammern des Internets zunehmend auf der Strecke.

Ich habe in meinem eigenen Bekanntenkreis gemerkt, wie diese böse Saat aufging. Freunde leiteten mir dubiose Studien weiter, die die Harmlosigkeit des Virus beweisen sollten. Impfgegner outeten sich und plapperten Verschwörungstheorien nach. Und eigentlich seriöse Menschen fingen an, sich mit alternativen Medikamenten selbst zu therapieren. Interessanterweise stehen Menschen laut einer britischen Studie, die in der Fachzeitschrift »PLOS Biology« publiziert wurde, seriösen Forschungsergebnissen umso kritischer gegenüber, je weniger Ahnung sie von der Materie haben. Mit anderen Worten: Sie blenden Fakten aus und glauben lieber, statt zu wissen.

Die bis heute anhaltende Diskussion um die »Infodemie«, um Fake News, Desinformation und Manipulation zeigt aus meiner Sicht, welche extremen Auswüchse der allgegenwärtige »Informations-Overkill« haben kann. Falsche, aber schön einfache Nachrichten werden auch gerade deshalb in den sozialen Medien von vielen so bereitwillig aufgenommen, weil diese Menschen die Masse an verlässlichen, wissenschaftlich fundierten Informationen, die meistens schwieriger zu verstehen sind, so überfordert. Die Wahrheit ist oft ein aufwendiges Menü in mehreren Gängen – die Lüge dagegen lässt sich runterschlingen wie Fast Food.

Für den oben bereits erwähnten Autor Rolf Dobelli ist die Antwort auf diese Problematik der Ausstieg aus dem News-Geschäft. Man solle lieber Sachbücher lesen, empfiehlt er. Mir war das bisher in dieser Kompromisslosigkeit nicht möglich. Ich habe trotzdem versucht dranzubleiben. Geht ja nicht anders, dachte ich. Und konsumierte weiter News und Meinungen und beglich die ständigen Forderungen nach Aufmerksamkeit. Ich war immer noch bereit, auf Social-Media-Kanälen zuzuhören, auch wenn es mir nicht guttat.

Aber hörten mir auch andere zu? Ich hatte und habe zunehmend nicht mehr das Gefühl. Manchmal dachte ich, dass viele Leute vor allem senden, um etwas loszuwerden, und nicht, um gehört oder verstanden zu werden. Kommunikation als Einbahnstraße. Oder als wütender Forderungskatalog: Jeder zeigt auf jeden und sagt:

Du gehörst in diese Ecke, zu dieser Gruppe. Lerne, besser zu werden. Informiere dich über das, was richtig ist. Du denkst falsch.

Es ist anstrengend geworden. Und es macht etwas mit mir, mit uns allen.

Die gereizte Gesellschaft

Wir alle sind zunehmend genervt und gereizt. Und das hat viel mit unserer täglichen Überforderung durch Info-Terror, Optimierungswahn und Zeitdruck zu tun. Wahrscheinlich kennen Sie das selbst, dieses hektische Hin und Her. Ah, dort hat wieder einer was gepostet. Sollten Sie sich nicht auch – möglichst originell – äußern? Ups – da kommt eine Rundmail vom Chef, und die Ersten haben schon ihren Senf dazugegeben. Mist. Und was machen Sie? Wo waren doch gleich die aktuellen Unterlagen für das neue Projekt? Kamen die auf Teams, per Mail oder als Link auf WhatsApp? Jetzt ruft auch noch Mutti an. Und morgen Abend ist die Feier Ihrer Freundin Karin, aber Sie haben noch kein Geschenk und sollen auch noch für die Überraschungsparty ein lustiges Foto mit einem flotten Spruch schicken. Dann scrollen Sie hektisch durch den übervollen Foto-Ordner und nehmen sich zum hundertsten Mal vor, da endlich aufzuräumen. Irgendwann ist der Tag zu Ende, Sie haben nichts wirklich geschafft, und Ihr Partner oder Ihre Partnerin beschwert sich, dass Sie mit Ihren Gedanken »ja mal wieder ganz woanders« sind. Und Mutti ruft schon wieder an und fragt, warum Sie nicht zurückgerufen haben.

Wenn Sie all das kennen, dann leiden auch Sie an Informationsüberlastung und chronischem Zeitdruck. Diese Überforderung erzeugt das Gefühl von Ohnmacht. Sie macht depressiv oder eben wütend. Verdammt wütend. Und diese Wut braucht ein Ventil. »Anger-out« nennen das Psychologen, also die Neigung, Überforderung und erlebten Ärger dadurch zu neutralisieren, dass man negative Emotionen auf andere Personen oder Dinge überträgt und dabei schimpft, droht oder flucht.

Wir lassen die Wut an anderen aus. Mitarbeiter in Arztpraxen, der Gastronomie, im Einzelhandel oder der Hotelwirtschaft können davon ein Lied singen. Die Kunden, so hört man von ihnen, werden immer ungeduldiger, fordernder und ungehaltener. »Kurze Zündschnur« heißt das umgangssprachlich. Eine repräsentative Studie der Berufsgenossenschaft Handel- und Warenlogistik (BGHW) im Auftrag der Gewerkschaft Ver.di belegt das Problem. 2786 Beschäftigte im Groß- und Einzelhandel und der Logistik wurden dabei befragt. Auf die Frage: »Wie oft müssen Sie mit ungeduldigen oder gereizten betriebsexternen Personen umgehen?«, antworteten 32,4 Prozent mit »sehr oft (fast täglich)« und 25 Prozent mit »oft (einbis dreimal in der Woche)«. Und jeder Dritte im Handel erlebt laut der Studie mehrfach in der Woche Streit mit Kundinnen und Kunden.

Es gibt bereits automatische Bandansagen von Unternehmen und Arztpraxen, auf denen die Kunden gebeten werden, die Angestellten mit Respekt zu behandeln. Sie würden auch nur ihren Job machen und ihr Bestes tun. Ob das tatsächlich immer so ist, bezweifle ich, aber es stimmt, dass das gesellschaftliche Miteinander zunehmend zu einem Gegeneinander wird.

Die Therapeutin und Autorin Mirriam Prieß sagt: »Wir befinden uns als Gesellschaft in einer Erschöpfungsdepression.« Diesen Befund bestätigt auch Klaus Lieb, Direktor des Leibniz-Instituts für Resilienzforschung. 61 Prozent der Erwachsenen in Deutschland, so Lieb, gaben bei einer Umfrage an, dass sie sich »belastet« fühlen.

Die Netz-Revolution frisst ihre Kinder

Auch eine Studie der psychologischen Fakultät der Technischen Universität Dresden zeigt eindringlich die negativen Auswirkungen der Informationsflut. »Im Umgang mit hohem Informationsaufkommen wird die Grenze der menschlichen Informationsverarbeitungskapazität sichtbar«, heißt es dort. Die Informationsfülle und auch die Sorge, Informationen zu übersehen oder zu vergessen, erschwerten das Abschalten von der Arbeit und damit wichtige Erholungsprozesse im Privatleben. Beschäftigte mit häufiger Informationsüberlastung berichteten, so die Autoren Annika Piecha und Winfried Hacker, immer häufiger auch über emotionale Erschöpfung – ein Kernsymptom des Burnouts.

Aber auch über die, die all die um uns herumschwirrenden Videos produzieren, macht man sich mittlerweile schon Gedanken. *YouTube Deutschland* etwa hat angekündigt, sich verstärkt um die psychische Gesundheit seiner deutschsprachigen Inhalte-Produzenten zu kümmern. Der Deutschlandchef des Filmchen-Riesen, Andreas Briese, sagte dem *Stern*: »Die Welt ist komplizierter geworden. Heute gibt es Youtube Shorts, Twitch, Snapchat, Tiktok, Videos in Long-Form, Mid-Form, Short-Form, Podcast, Live. Ein Creator muss überlegen, wie er da durchnavigiert.« Und dann pries er eine Website mit Videos und Anti-Burnout-Kursen an. Im Bedarfsfall würden auch psychologische Coaches angeboten. Man sieht: Die Netz-Revolution frisst ihre Kinder.

Die Welt setzt uns unter Druck und macht uns krank. Infos, Tabellen, Ranglisten, Suchergebnisse, Skalen, Bewertungen, Vorschriften, Verordnungen: Immer mehr soll immer schneller gewusst, beachtet und umgesetzt werden. Und nebenbei gilt es auch noch, alle möglichen persönlichen Krisen zu bewältigen. Doch irgendeine

»Autorität« erzählt uns auf allen Multimedia-Kanälen mit allwissender Attitüde ständig, was wir falsch machen und stattdessen wissen, lesen, hören oder sehen sollten. Natürlich ist es wichtig, dazuzulernen und sich anzupassen. Wir alle tun das. Die Welt verändert sich. Das war nie anders. Aber das Tempo, in dem sich diese Veränderung vollzieht, macht mich schwindelig. Oft fühle ich mich wie ein Reisender, der nicht in einen Zug einsteigen kann, weil er die Türen nicht sieht. Und dann fährt der Zug los. Ohne mich. Und jemand ruft: »Da vorn! Guck doch. Das sind doch die Türen!« Aber ich sehe sie immer noch nicht.

Ich komme da einfach nicht mehr mit.

Irgendjemand hat in unserer Welt auf »schneller Vorlauf« gedrückt. Podcasts, Filme, Sprachnachrichten – das alles kann mittlerweile auf Knopfdruck doppelt so schnell abgespielt werden. Einmal klicken, und die Welt rennt. Zeit ist Geld. Keine Einzelheiten. Ein grober Eindruck reicht. Nächstes Video. Nächste Nachricht. Wusch!

Die App *Blinkist* hat dieses Prinzip zum Geschäftsmodell gemacht. Man kann dort gegen Bezahlung »Kernaussagen von Sachbüchern« in fünfzehn Minuten lesen oder hören. Schlecht gemacht ist das nicht. Da hat sich jemand Mühe gegeben und bedient unsere Ungeduld perfekt. Ein ganzes Buch lesen? Dafür habe ich keine Zeit! Ähnlich funktionieren die sehr erfolgreichen Mini-Zusammenfassungen von Filmen im Internet mit Millionen von

Klicks. Sie heißen *Movie Recaps*, *Mystery Recapped* oder *Shots Recaps* und arbeiten alle nach dem gleichen Muster: Zentrale Szenen eines Films werden aneinandergereiht und ein Erzähler fasst dazu den Inhalt des Streifens zusammen. So schnurren Klassiker und ganze Serien auf zehn Minuten zusammen. Filmgeschichte im Schnelldurchlauf. Sozusagen Hollywood-Klößchen mit Bildersahne.

So werden wir zu gehetzten Häppchen-Konsumenten, um Zeit für den nächsten Stressor zu gewinnen. Und irgendjemand will immer was von uns. Netflix etwa lässt uns nicht die Zeit, die Folge einer Serie mal sacken zu lassen. Kaum ist der Abspann zu sehen, da zählt schon der Countdown für die nächste Folge runter. Und auch in den früher so tiefenentspannten öffentlich-rechtlichen Sendern werden mittlerweile mitten in Filmen oder Serien Hinweise auf andere Filme oder Serien eingeblendet. Balken erscheinen da am unteren Bildrand, die reißerisch auf kommende Neuheiten hinweisen. Quotengier als Treibjagd. Die Botschaft: Wir sollen bloß nichts verpassen. Hier ist das nächste wichtige Ding. Ein Muss! Der Knaller! Wir sollen dranbleiben, weiter gucken, nicht ausruhen. Auch aus dem Radio bellt es ständig, dass gleich dieser oder jener Hit kommt und wir unbedingt dranbleiben sollen. Und wenn der Song dann kommt, wird oft der Refrain als eine Art Vorspeise vorgeschaltet. Fangen wir gleich mit dem Höhepunkt an.

Wir sollen ständig etwas hören, sehen, konsumieren. Und wir tun es. »Phänomene der Überforderung setzen offenbar steigende Anforderungen voraus, mit denen sich Individuen konfrontiert sehen oder die sie sich selbst auferlegen«, schreibt der Autor Thomas Fuchs in seinem Buch *Das überforderte Subjekt – Zeitdiagnosen einer beschleunigten Gesellschaft*.

Wie? Wir sollen also selbst verantwortlich sein für die Überforderung? Fuchs meint ja: »Für soziale Subjekte ist es nämlich charakteristisch, dass sie äußere Anforderungen häufig internalisieren, also in innere Gebote, Anpassungsbereitschaften oder auch eigene Motivationen und Wünsche umwandeln.«

Mit anderen Worten: Wir hetzen uns selbst. Den Informationsstrom bewältigen zu wollen, wird zum »inneren Gebot«. Bleib dran! Und viele tun es.

Warum sehe ich nur noch Leute beim Joggen, die Ohrstöpsel tragen oder beim Sport Musik oder Podcasts hören oder sogar schon dienstliche Telefonate führen? Reicht die echte Welt da draußen uns nicht mehr? Ist das Vogelgezwitscher oder das satte Geräusch unserer Turnschuhe auf dem Waldboden denn wirklich so langweilig?

Wir wollen immer mehr im selben Moment machen. Mist, wir haben ja nur ein Leben. Da gilt es, keine Zeit zu verlieren. Der Langsame ist der Dumme. Also vorwärts. Wir beschleunigen immer mehr. Und schaffen doch nie das, was wir glauben, schaffen oder wissen zu müssen.

Und sind deshalb unzufrieden. Aber merken soll das bitte keiner. Und dann ab zum »Quick-Lunch« in der Mittagspause.

Ich selbst bin so auf das unablässige Aufsaugen von News konditioniert, dass ich ohne diese Berieselung scheinbar gar nicht mehr kann. Das Nicht-Lesen oder Nicht-Hören, also das Nicht-Tun fällt mir schwer, ohne dass ich das merke. Mir ist erst beim Schreiben dieses Buches aufgefallen, dass ich morgens beim Müsliessen wie hypnotisiert auf das Etikett der Apfelsaftflasche oder der Müslipackung starre und die Liste der Inhaltsstoffe lese, statt mich achtsam auf die Nahrungsaufnahme zu konzentrieren. Ich kann schon nicht mehr sein, ohne etwas Nachrichtliches, aber gänzlich Überflüssiges in mich aufzunehmen. Ich lasse Muße nicht mehr zu. Ich bin süchtig nach Daten, egal, welcher Art.

Und ich ahne, dass es Ihnen genauso geht. Wir alle sind übervoll von Infos, hetzen von Termin zu Termin und sehen uns einem ständig anschwellenden Forderungskatalog gegenüber. Und verändern uns dabei. Überforderung schafft nicht nur Frust, sondern führt auch zu Fahrigkeit und Unzuverlässigkeit.

Auf der ewigen Suche nach dem Besseren

Die Welt ist eine wabernde Masse von Pflichten, aber auch eine Ansammlung schier unendlicher Optionen. Alles geht, nichts muss, heißt es. Aber wir finden uns in diesem Möglichkeiten-Dschungel nicht mehr zurecht und werden zu Meistern der Unverbindlichkeit. Mails, SMS, WhatsApp-Nachrichten schwirren hin und her. »Willst du? Kannst du? Guck mal hier …? Hast du Lust?«

Wir sagen dort zu, melden uns hier an und sagen dann wieder ab, wenn etwas Besseres oder Aktuelleres kommt. Schon 2017 beschrieb der Autor David Brooks in der *New York Times* dieses Phänomen in seinem Artikel »The Golden Age of Bailing« (Das goldene Zeitalter des Versetzens). Im Angesicht der Optionen bleiben wir unverbindlich. Ein »Ja« heißt eigentlich »vielleicht«, und eine Absage ist schnell gesimst oder gemailt. Früher mussten wir jemanden persönlich anrufen, um abzusagen. Das fiel deutlich schwerer, insbesondere, wenn man log. Heute schreibt man: »Tut mir leid. Fühle mich nicht. Könnte Corona sein. Wir holen das nach, ja? (Trauriges Emoji).« Und zack – ab zum besseren Termin.

Wir sind mutmaßlich keine schlechteren Menschen geworden, aber eben Opfer der allgegenwärtigen Optionserweiterung. Man könnte ja was verpassen. Bloß nicht zu schnell festlegen. Oder erst mal zusagen und dann mal gucken. »Fomo« heißt die englische Abkürzung für dieses Phänomen, »Fear of missing out« – die Angst, etwas zu verpassen. Diese zunehmende Unverbindlichkeit und die fehlende Verlässlichkeit haben natürlich Folgen. Wem ein paar Mal in letzter Minute abgesagt wird, der denkt irgendwann: Mensch, das machen alle. Ich mach das jetzt auch. Zusagen und dann wieder canceln, falls was Cooleres um die Ecke biegt. Kein Wunder, dass Restaurants immer häufiger bei Reservierungen die Nummer der Kreditkarte verlangen, die sie bei Nichterscheinen belasten. Sie erleben es einfach zu häufig, dass reserviert wird und dann keiner kommt. Und es wird auch nicht abgesagt. Hauptsache, man hat sich was gesichert. Wird schon jemand anders den Tisch nehmen. Aber so ist es oft nicht. Viele Restaurants stehen ohnehin mit dem Rücken zur Wand. Und mit Laufkundschaft, die den leeren Tisch dann um 20.30 Uhr (man hat ihn ja eine halbe Stunde freigehalten) noch nimmt, kann man nicht wirklich rechnen.

Das Perfide ist, dass wir uns nicht selten in der Rolle des Gehetzten gefallen. Zeitnot als Statussymbol. »Es gibt in unserer Kultur eine unglaubliche Fetischisierung von Gehetztheit«, sagt der Autor und Managementberater Hans Rusinek. »Man ist sehr stolz darauf, wenig Zeit zu haben.« Es komme bei vielen Menschen gut an zu sagen: »Ich habe so viel um die Ohren. Ich komm zu nix mehr.« Aber zu Gesundheit und Verantwortung führe diese

Sicht auf Zeitnot definitiv nicht. Rusineks Fazit: »Zeitnot ist selbst- und weltzerstörend.« Denn genauso wie wir durch unseren Alltag hetzen, verheizen wir auch unsere natürlichen Ressourcen.

Aber es geht heutzutage bei vielen nicht nur um die Angst, *etwas* zu verpassen. Die Leute haben auch oft Angst, *jemanden* zu verpassen, zum Beispiel den richtigen Partner. Wenn ich mir die jungen Erwachsenen in meinem Freundes- und Bekanntenkreis anschaue, dann sehe ich sehr viele Singles. Man will oder kann sich nicht binden, weil man fürchtet, sich für den oder die Falsche(n) zu entscheiden. Früher suchte man sich seine Partner in der Clique, im Job oder an der Uni. Das mag heute auch noch oft so sein, aber die sozialen Netzwerke mit all den schönen Profilen suggerieren, dass da draußen irgendwo noch eine bessere Variante wartet, womöglich der ideale Partner. Also wird auf Singlebörsen wie Tinder gesucht, verglichen, kontaktiert und geschaut, ob was Passendes dabei ist.

Ich bedaure die Jugendlichen von heute. Sie können in einer zwanghaften, von Optimierungswahn gezeichneten Welt einfach nicht mehr unbekümmert leben und sich nicht mehr einlassen auf das, was kommt, was einfach so geschieht. Alles muss geplant, vorab gecheckt und auf Passgenauigkeit geprüft sein. Dies gilt auch für immer mehr Singles und ältere Menschen. Kaum einer wagt noch, jeder sichert sich ab.

Ich bedaure die Jugend aber nicht nur wegen des ausufernden Partner-Marktes, der jede Spontaneität erstickt. Nein, sie tun mir auch wegen der unendlichen Möglichkeiten, zwischen denen junge Menschen nach der Schule auswählen müssen, leid. Wer sich für ein Studium entscheidet, kann heute zwischen mehr als 20 000 Studiengängen an deutschen Hochschulen wählen. Darunter rund 9500 Bachelor- und etwa 10 500 Master-Studiengänge. Wer soll da noch durchsteigen? Da ist das spätere Gefühl, sich womöglich falsch entschieden zu haben, doch praktisch vorprogrammiert. Allein sich das Wissen anzueignen, was es alles gibt, was man studieren und erlernen könnte, überfordert den Einzelnen doch total. Das Ergebnis: Unsicherheit, Frustration, Hilflosigkeit. Man steht als junger Mensch wie vor einem riesigen Regal voller Bildungs-Kisten und eine Stimme sagt: »Das hier ist deine Zukunft. Und vergiss nicht die Regale in den anderen Räumen. Such dir was aus! Mach was aus dir! Du hast doch so viele Chancen!« Eben. So viele. Zu viele. Und dann machen die jungen Leute eben »irgendwas mit Medien«.

2.

Warum komme ich mir so oft blöd vor?

Keiner steigt mehr richtig durch, aber niemand redet drüber. Der Mut zur Lücke ist aus der Mode. Man muss wissen, kennen, mitreden. Auch wenn die meisten nur an der Oberfläche kratzen und sich schlauer geben, als sie sind. Ich schäme mich ein wenig, das zuzugeben: In vielen Dingen kenne ich mich sehr gut aus – bei anderen tue ich auch nur so. Männer können das sehr gut. Sie lernen das schon als kleine Jungen. »Weiß ich doch. Kenn ich alles. Nee, klar, finde ich auch.« Dabei hatte man so oft keine Ahnung.

Wie heute. »Du bist schön blöd, wenn du keine Bitcoins kaufst«, sagte mir kürzlich ein Freund. Ich nickte. Aber ich bin, ehrlich gesagt, tatsächlich zu blöd dazu, denn ich weiß immer noch nicht, was Kryptowährungen genau sind und wie sie funktionieren. Und ehrlich gesagt will ich es eigentlich auch gar nicht wissen. Ich bin ja schon froh, dass ich weiß, wie man Aktien kauft, nachdem mir alle möglichen Leute gesagt haben, dass ich ein

Idiot bin, wenn ich keine Aktien habe. Oder ETFs. Oder Rentenfonds.

Okay, es war sinnvoll, mich da schlauzumachen. Aber meine Steuererklärung überfordert mich immer noch, und bei der Diskussion über das Gendern musste ich seinerzeit erst noch mal nachschlagen, was genau das generische Maskulinum ist. Ebenso rätselhaft war mir, dass plötzlich in der Kulturszene und in den Medien ganz selbstverständlich der Begriff »Showrunner« verwendet wurde. Ich hatte anfangs keine Ahnung, dass damit so etwas wie »Serien-Macher« gemeint war.

»Lost in translation«

Als kürzlich bei uns in der Redaktion ein Umzug in eine andere »digitale Umgebung« anstand, erhielt ich eine Mail, in der stand: »Die Migration wird durch E-Mail-Kommunikation und Infos im Wissens-Hub begleitet.« Und schon kam ich mir wieder mal doof vor. Denn ich konnte mit dem Begriff »Wissens-Hub« nicht das Geringste anfangen. Aber alle benutzen auf einmal dieses Wort: »Hub«. Gemeint war hier ein digitaler Knotenpunkt, auf den alle zugreifen können, um Informationen abzurufen. Mir hätte die Bezeichnung »Info-Seite« durchaus gereicht. Aber ich bin ja auch ein alter, weißer Depp.

Ebenso selbstverständlich sprachen die jüngeren Kollegen aus den digitalen Abteilungen auf einmal begeistert von »Affiliate Marketing«, dem neuen heißen Ding, um Kohle zu machen. Ich war »lost«, wie man ja heute sagt, also verloren. Keine Ahnung, worum es bei »Affiliate« ging. Kurz gesagt ist das eine Methode, in redaktionellen Artikeln bei Produkterwähnungen die Möglichkeit zu schaffen, diese Produkte per Mausklick direkt zu bestellen. Dabei gibt es dann eine Provision für die Redaktionen. Und ja, das machen jetzt fast alle, die Online-Seiten betreiben. Und stolz berichtet man dann in Konferenzen von steigenden Umsätzen. Als sei das etwas, auf das man stolz sein kann.

Besonders die digitale Business-Welt bemüht sich krampfhaft um eine verwirrende Vielfalt an neuen Anglizismen. Hauptsache, man nennt das Neue anders. Hier nur mal ein paar davon: »Bot«, »Fintech«, »Emoticon«, »Big Data«, »Blockchain«, »Crowdsourcing«, »Dashboard«, »Data Mining«, »Growth Hacking«, »Lead«, »Mash-up«, »Monitoring«, »Ransomware« oder »Wearable«.

Ich erspare Ihnen und mir die Erklärungen dazu. Lasst mich doch mit diesem Bullshit in Ruhe oder drückt euch vernünftig aus! Bullshit ist zwar auch ein Anglizismus, aber den versteht wenigstens jeder.

Aber diese Begriffe schwirren nun mal um uns herum. Und wir fangen sie notgedrungen ein und versuchen, sie uns einzuverleiben. Aber selbst wenn ich noch mehr lese, googele und Nachrichten sehe oder höre, habe ich das Gefühl, immer weniger zu wissen. Denn kaum habe ich einen neuen Begriff aufgeschnappt, eine Meldung verdaut oder einen Sachverhalt auch nur ansatzweise durchdrungen, dann donnert schon die nächste Nachricht rein und will verstanden, eingeordnet und in eine Meinung umgewandelt werden. Aber genau dieses Verstehen und Einordnen wird angesichts der schieren Masse an neuen Informationen täglich schwerer. Wie, so frage ich mich, soll man angesichts dieser Überforderung so etwas wie eine fundierte Haltung entwickeln?

Identitätspolitik, Gendern, Woke-Sein – gut gemeint, aber all das fängt an zu nerven

Politische Korrektheit etwa entwickelt sich zunehmend von gut gemeinter Sensibilität zum wissenschaftlichen Pro-Seminar in Sachen Subkulturen. Nebulöse Begriffe schwirren herum. Ich bin – natürlich – gegen die Diskriminierung von Minderheiten, aber ich musste erst meine Hausaufgaben machen, um zu verstehen, worüber überhaupt geredet wird. Ich kannte den Begriff »Genderdysphorie« bisher nicht, den Aktivisten wie selbstverständlich im Munde führen. Gemeint ist, sich als Individuum im falschen Körper zu fühlen. Es hat auch etwas gedauert, bis ich verstanden habe, was genau mit »queer« gemeint ist.

Ich habe gelernt, welche kränkenden Begriffe man bitte nicht mehr aussprechen oder schreiben soll. Ich weiß mittlerweile, was die Abkürzung LGBTQ heißt. Aber – Hand aufs Herz: Kennen Sie die Erweiterung LGBTQIA+? Das Fragezeichen gehört übrigens nicht dazu, sondern markiert nur meine Frage. Ich löse kurz auf: L steht für lesbisch, G für Gay, B bisexuell, T für transsexuell, Q für queer, I für intersexuell, A für asexuell und das Plus für alles andere, bekannt und noch unbekannt.

Ich weiß, wie gnadenlos Homosexuelle auch in unserem Land staatlich verfolgt und kriminalisiert wurden. Das ist zum Glück weitgehend Geschichte. Und ich ahne, was es für eine Belastung sein muss, wenn man das Gefühl hat, im falschen Körper geboren worden zu sein. Darüber offen zu sprechen und den Betroffenen zu helfen, ist richtig und wichtig. Aber muss ich wissen, dass jemand asexuell ist, also keine Lust auf Sex hat, und dafür eine Abkürzung lernen? Ist es wichtig, den Begriff »autosexuell« zu kennen? Nein, damit ist nicht Sex im PKW gemeint. Das bedeutet, dass es jemandem absolut reicht, sich selbst zu befriedigen. Kann man machen, interessiert mich aber nicht. Muss ich wissen, dass jemand »genderfluid« ist, sich also mal mehr als Mann und mal mehr als Frau fühlt? Okay, mag ja sein. Aber ist das nicht einfach Privatsache? So wie vieles andere im Bereich der Sexualität?

Aus meiner Sicht kann das privat bleiben, ohne dass

ich das alles zur Kenntnis nehmen und deswegen Vokabeln pauken muss, weil Aktivisten einen erhöhten Bezeichnungsbedarf verspüren. Man muss nicht dauernd allen alles erzählen und dann sauer sein, wenn keiner mehr zuhört.

Ich werde so bombardiert mit neuen Begriffen und harschen Forderungen nach mehr Sensibilität, dass die Masse der unterschiedlichen Ansprüche an mein Verhalten und meine Wortwahl bald zum Gegenteil führt, nämlich zur Abstumpfung. Ach, seid doch alle, was ihr wollt, aber lasst mich damit in Ruhe! Aus Verständnisbereitschaft wird so irgendwann Ärger durch Überforderung. Tatsächlich spüre ich das bei mir selbst. Ich will niemanden verletzen, aber vor lauter Opfern links und rechts des Weges weiß ich kaum noch, was erlaubt ist und was nicht. Ich soll mir Wissen aneignen, Forderungen erfüllen, Sprachregeln beachten und gleichzeitig zugeben, dass ich nichts wirklich wissen kann, weil Wissen und Wahrheit, so die identitätspolitische Sichtweise, immer nur soziale Konstrukte innerhalb heteronormativer Machtdiskurse seien, aus denen wir nicht heraus können. Schwirrt Ihnen beim Lesen der Kopf? Kann ich gut verstehen.

Was mich daran besonders stört, ist, dass die Verwirrung offenbar gewollt ist. Das Verwischen von Grenzen und das Vermeiden klarer Begrifflichkeiten ist bei den kompromisslosesten Vertretern der Queer-Theorie und des so genannten Postkolonialismus Methode und keine versehentliche Unschärfe. Die Unschärfe ist Programm und sorgt bei mir und vielen anderen für zusätzliche Verwirrung und Überforderung. Ich soll einsehen, dass es keine klaren Grenzen gibt und alles »fluide« ist, dass »Mann« und »Frau«, »Heterosexualität«, »Geschlecht«, ja, auch »Wissenschaft« überholte, sozial konstruierte Begriffe sind, die keine adäquate Beschreibung der Realität ermöglichen und die dekonstruiert werden müssen. Gesellschaftlich wirksame Kategorien werden so absichtlich verunklart. Ihre objektive Gültigkeit wird in Abrede gestellt, um die angeblich darunterliegenden Machtstrukturen aufzudecken und abzuschaffen.

Selten hat eine politische Bewegung sich so sehr von Verständlichkeit, evidenzbasierter Forschung und Objektivität verabschiedet wie die Hardcore-Variante der so genannten Identitätspolitik. Dabei ist sie sicherlich im Kern gut gemeint. Sie versteht sich ja als Emanzipationsbewegung für Gruppen, die Diskriminierung und Ausgrenzung aufgrund von ethnischer Herkunft, Geschlecht oder sexueller Orientierung erleben. Diese Emanzipation ist wichtig. All diese Gruppen müssen gesehen, gehört und respektiert und Transfeindlichkeit selbstverständlich bekämpft werden. Aber wenn der Kampf um die Rechte dieser Minderheiten zu autoritären Positionen führt, die einen Meinungsaustausch auf Augenhöhe und das einander Zuhören schwierig bis unmöglich machen und im Extremfall die Grundlagen der liberalen Demokratie und der Wissenschaft in Frage stellen, wird es für mich gefährlich.

Aber habe ich eigentlich recht mit meinem Unverständnis? Mit meiner Haltung? Meiner Kritik? Woher weiß ich, dass mein Standpunkt der richtige ist? Ich versuche ja zu verstehen. Gebe mir immer noch Mühe und will kein zementiertes Weltbild vertreten. Dinge und Sichtweisen verändern sich. Ich will ja dazulernen. Und vieles versteht man nur, wenn man die Perspektive der Betroffenen einnimmt. Das ist gut so. Aber liegen Betroffene umgekehrt immer und grundsätzlich richtig? Und wer entscheidet eigentlich, wer wovon betroffen ist? Oder bin ich tatsächlich der alte, weiße Mann, der sich gedanklich nicht mehr bewegen kann oder will?

Ich weiß es oft nicht mehr. Andere wissen dafür alles umso besser. Meinungen und harsche Urteile höre ich andauernd. Und sie kommen mir oft vor wie Geschosse. Wohl noch nie gab es so viele Konflikte, so viel Streit, Hass, bewusstes Missverstehen und vorschnelles Richten in unserem Land. Etwas ist ins Rutschen gekommen und der Weg abwärts wird immer steiler. Umso wichtiger ist es für uns alle, offen und angstfrei zu debattieren, miteinander statt übereinander zu reden. Auf allen Seiten des politischen Spektrums.

3.

Ich bin mir ja nicht mal mit mir selbst einig

Die Welt wird immer komplizierter und Haltung zu zeigen nicht einfacher. Auch das überfordert mich – zu wissen, was richtig ist. Ich dachte immer, dass ich einer von den Guten bin. Einer, der genau weiß, wo er steht. Ich wähle die Grünen, seit es sie gibt. Ich sortiere meinen Müll, seit das Wort »Mülltrennung« erfunden wurde. Ich unterstütze Amnesty International, und meine Frau und ich haben seit Jahren Patenkinder in der Dritten Welt. Mein Weltbild und meine Rolle darin waren klar: Ich stehe auf der richtigen Seite. Mir sind die anderen nicht egal. Und als Angela Merkel 2015 die Flüchtlinge ins Land ließ, habe ich zu Hause mitgeklatscht und bin ab und an zu einem Treff für Migranten gegangen. Als die Flüchtlinge aus der Ukraine kamen, engagierte ich mich in einer Helfer-Initiative. Ich fand mich moralisch einwandfrei. Ich will ja ein guter Mensch sein. Einer, der dankbar ist, dass es seiner Familie und ihm selbst gut geht. Einer, dem die anderen dabei aber nicht egal sind.

Die Realität sieht oft anders aus. Gute Vorsätze klingen schön, aber sie umzusetzen ist sehr viel schwieriger. Ja, ich sollte, ich müsste mehr für andere tun, mich engagieren. Jetzt ist die Zeit da. Weltweit gibt es zahllose Kriege und Krisen, viele Menschen leiden. Aber da ist noch dieser andere Teil meines Ichs: der bequeme, der genervte, der zögernde Teil. Der hin und her überlegt und sich nicht durchringen kann.

Freunde mit weniger Platz zu Hause als wir haben eine junge Geflüchtete mit ihrem Kind und der Oma aufgenommen. Meine Frau und ich sind voller Bewunderung. Wie toll! Da wird gehandelt, nicht nur geredet. Und ich sage zu meiner Frau: »Eigentlich müssten wir das auch machen. Jemanden von diesen armen Menschen aufnehmen. Wir haben doch die Zimmer der Jungs. Die kommen ja nur ein paar Tage im Jahr zu Besuch.«

Meine Frau sieht mich an. »Ja«, sagt sie. »Das müssten wir. Aber du bist doch schon genervt, wenn wir ein paar Tage Freunde zu Gast im Haus haben. Dann fühlst du dich unfrei und eingeschränkt. Du fremdelst notorisch. Gutes Herz, aber dünne Haut.«

Ich schweige.

»Ich wäre dabei«, fährt meine Frau fort. »Aber wir müssen uns im Klaren darüber sein, was wir tun. Zwei Zimmer hinten, ja. Aber Küche und Bad werden wir teilen. Mit fremden Menschen.«

Ich nicke. Sie hat ja recht. Ich würde mich im eigenen

Haus unwohl fühlen. Ich sehe es vor mir: Wir sitzen auf dem Sofa und gucken Tatort. Und dann kommt jemand von hinten aus dem Anbau, geht durchs Wohnzimmer in die Küche, kocht sich was und guckt dann mit. Ich weiß: Ich will das nicht. Und fühle mich schlecht dabei und mag mich selbst nicht. Wie erbärmlich. Wie klein. Vorweggenommene Befindlichkeitsstörungen gegen die aktive Bekämpfung von Leid und Vertreibung. Und doch kann ich nicht aus meiner Haut. Es muss doch noch andere Wege geben.

Also bieten wir den Freunden mit den Geflüchteten unsere Hilfe an. Hol- und Bringdienst mit dem Auto, Babysitten, Behördengänge. Wir wollen die Last ein wenig teilen. Und doch bleibt ein schaler Nachgeschmack. Unsere Freunde und nicht wir haben die drei Menschen zu Hause. Wir merken, dass sie gestresst sind. Die junge Frau hat Depressionen, weiß nicht, ob ihr Mann noch lebt. Eine Atmosphäre wie Blei. Man kann nur ahnen, was sie durchmacht.

Und wir fahren irgendwann heim und decken den Abendbrottisch in trauter Zweisamkeit und mit schlechtem Gewissen. Dabei gäbe es so viel zu tun. Ich höre von Nachbarn, die mit dem eigenen Transporter mit Hilfsgütern an die polnisch-ukrainische Grenze gefahren sind. Auf dem Rückweg haben sie vier Geflüchtete mitgenommen und in eine Erstaufnahmeeinrichtung gebracht. Toll!

Ich habe ja keinen Transporter, denke ich. Unser Jüngster – er lebt in Berlin – hat auch keinen Transporter, aber er hat geholfen, welche zu beladen. Zwei Anrufe, dann wusste er, wo Hilfe vonnöten war. Warum bin ich nicht auf diese Idee gekommen? Ich nehme mir fest vor, mich zu erkundigen, wo man helfen kann. Und tatsächlich: Eine Gemeinde weiter gibt es in Kürze einen Treff von Hilfswilligen, die sich organisieren wollen. Es ist gar nicht so schwer. Warum bin ich so blockiert?

Vor einigen Monaten haben wir in Hamburg noch gegen den Klimawandel und gegen Rassismus demonstriert. Es waren eine Menge Leute da. Der Jungfernstieg war schwarz vor Menschen. »Das ist ja das Mindeste, was man tun kann«, sagte ich mir. Zwei Stunden mitmarschieren für die gute Sache. Letztes Wochenende war wieder eine Demo. Da sind wir dann schon nicht mehr hin. Was für ein Phlegma!

Der Andere und ich

Ein paar Tage später haben wir zu Hause gesessen und überlegt, ob es jetzt okay ist, den nächsten Urlaub zu planen. »Geschmacklos!«, sage ich zu meiner Frau. »Wir wollen 1600 Kilometer nach Süden fliegen, und in die andere Richtung ist es genauso weit bis zu Krieg und Terror. Da Sonne und Wandern, dort Bomben und Tod.«

Ich kann es nicht ändern, aber ich will kein Ignorant sein. Irgendwo dazwischen geht das Leben weiter, und das Leid in der Welt wird immer mehr zu einem depressiven Grundrauschen. Wie ein schlechter Soundtrack zum eigenen Alltag. Wir sehen jeden Abend die Nachrichten. Ich höre den Experten zu, den Analysten und Erklärern. Und danach sehen wir eine Komödie. So ist es, das Leben. Aber ich fühle mich unwohl dabei.

Was, liebe Leserinnen und Leser, will ich Ihnen mit all diesen Worten sagen? Mich erklären? Mich entschuldigen? Vielleicht geht es Ihnen ja wie mir. Vielleicht bin ich nicht der Einzige, der sich zu passiv, zu mutlos oder zu inkonsequent fühlt. Ich will mich bessern.

Aber dann habe ich gemerkt: Ich bin nicht nur der Zögerliche. Da ist noch jemand in mir. Und das zuzugeben, fällt noch viel schwerer. Ich nenne ihn *der Andere*. Es ist ein kleiner Wutbürger, ein verängstigter, ständig kopfschüttelnder Mann, den ich früher als Reaktionär beschimpft hätte. Aber dieser Typ ist mittlerweile ein Teil von mir. Lange Zeit wusste ich nicht, dass er überhaupt existiert. Ich hasse ihn. Aber das ändert nichts. Er ist da, und er wird lauter. Und ich muss mit ihm klarkommen.

Wir streiten zum Beispiel wegen der Flüchtlinge, die aus aller Welt zu uns kommen oder kommen wollen. Die Argumente und Gegenargumente sind hinlänglich bekannt. Ich kenne sie alle – und pendele hilflos zwischen den Maximalpositionen hin und her: »Menschlichkeit kennt keine Obergrenze« kontra »Wir können nicht allen helfen«. Offene Grenzen kontra totale Abschottung. Konsequente Abschiebung kontra Kirchenasyl. Religionsfreiheit kontra Islamismus.

»Wir müssen gefolterten, gequälten, vergewaltigten und von Kriegen gepeinigten Menschen helfen und sie aufnehmen«, sage *ich,* der Moralist.

»Klar«, sagt *der Andere* in mir. »Aber eben nicht jeden, der hier ein besseres Leben sucht. So hatten sich das auch die Väter des Grundgesetzes nicht gedacht. Es sind zu viele hier, die hier nicht sein dürften.«

»Ja, klar, die müssen dann wieder gehen«, sage *ich.* »Irgendwann, nachdem alles sauber geklärt ist. Wir sind schließlich ein Rechtsstaat.«

»Klingt gut«, sagt *der Andere* in mir. »Aber was ist mit den Typen, die hier Verbrechen begehen und nicht abgeschoben werden können? Du weißt ja: keine Papiere, humanitäre Gründe, die Herkunftsländer nehmen sie nicht. Das vergiftet die Atmosphäre, mindert die Akzeptanz.«

Ich sage: »Wir können Menschen nicht in Länder abschieben, in denen gefoltert wird und Krieg herrscht.«

»Also lassen wir sie hier bei uns mehr oder weniger ungehindert ihr Unwesen treiben?«, raunt *der Andere.*

Ich sage: »Wir können die Flüchtlinge, die zu uns wollen, doch nicht einfach ersaufen lassen.«

Und *der Andere* fragt: »Retten ja, aber müssen wir

sie deshalb auch gleich aufnehmen? Alle wollen sie zu uns. Das geht nicht. Deutschland hat jetzt schon so viele Flüchtlinge aufgenommen.«

»Wir wollten doch jetzt ›Geflüchtete‹ statt Flüchtlinge sagen«, mahne *ich,* der Moralist.

»Komm mir nicht mit dem Scheiß. Wortklauberei hilft uns nicht weiter«, erwidert *der Andere.*

Haltung zeigen – aber welche?

Ich stehe ständig neben mir und höre den beiden Kontrahenten in mir beim Streiten zu. Und frage mich dann: Wer will ich sein? Wo ist meine Position? Jeden Tag kommen neue Fakten, Zahlen und Argumente. Für jede Seite in mir. Auch das überfordert mich. Was macht das mit mir? Ich sehe, wie sich das Land verändert. Die AfD steht in Umfragen bei zwanzig Prozent. Das ganze Land droht nach rechts zu rücken. In vielen anderen Ländern regieren Rechtspopulisten mit – auch, weil wir »Liberalen« keine Antworten auf Fragen fanden, die die Leute beschäftigen.

Das Gift sickert ein. Auch in mich.

Ich beobachte fünf nordafrikanische, sehr laute junge Männer in der S-Bahn und denke: Müssen die wirklich hier sein?

Ich sehe eine syrische Frau mit einem Kopftuch mit zwei Kindern, die sich kichernd in gutem Deutsch über

Mitschüler unterhalten. Die Mutter lächelt mir entschuldigend zu, und ich denke: Wie nett. Ach, verdammt. Bleib locker. Das schaffen wir schon.

Ich sehe auf der Straße eine vollverschleierte Frau, die einen Kinderwagen schiebt. Die Sonne knallt herunter. Sie trägt außerdem eine volle Einkaufstüte. Drei Meter vor ihr schlendert ihr Mann. In Shorts und T-Shirt. Mensch, was für ein Arschloch, denke ich.

Ich lerne die freundliche junge Studentin aus der Türkei kennen. Sie trägt ein Kopftuch und hat sich freiwillig dafür entschieden. Es ist ihr wichtig.

Die Tochter von Freunden ist mit einem jungen Syrer zusammen. Man hört seine Geschichte und die seiner Familie und denkt: Dem muss man helfen. Der Junge hat jedes Recht, hier zu sein.

Hat jeder das Recht, hier zu sein, der es ins Land schafft? Ich weiß es einfach nicht. Die Welt ist voller Widersprüche. Ich bin voller Widersprüche. Ratio gegen Gefühl. Links gegen rechts. Pragmatismus gegen Idealismus. Angst gegen Mitgefühl.

Und ich komme nicht mehr mit.

Ich weiß nicht mehr, was ich denken, was ich fühlen soll, was richtig und was falsch ist. Ich will keiner dieser Besserverdienenden sein, die morgens aus ihren schicken Wohnungen und Häusern ins Büro fahren, ihren Job machen, abends wieder nach Hause fahren und sich ansonsten nicht darum scheren, was im Land passiert und wo Lösungen für die drängenden Probleme sind. Ich will keiner sein, der sich nicht kümmern will.

Ich will aber auch keiner dieser naiven Gutmenschen sein, der die Realitäten nicht anerkennt, Unangenehmes nicht ansprechen will und sich dann wundert, wenn irgendwann die AfD in der Regierung sitzt.

Ach, die AfD. Auch wenn ich Probleme nicht mehr leugnen kann und will: Mit denen will ich nicht das Geringste zu tun haben. Mit diesen hasserfüllten, verbohrten Spießern, denen die Bösartigkeit aus jedem ihrer Sätze tropft. Sie haben keine Antworten und sehen die Menschen nicht mehr. Nur noch Feinde. Sie hassen. Ich will nicht hassen.

Und dann ist da die andere politische Seite. Sie ist mir nicht unsympathisch. Sie war und ist in großen Teilen immer noch auch meine Seite. Aber sie beginnt, mich zu nerven. Ich höre sie, meine Grünen, die Leute von Pro Asyl, die Linken-Politiker und manche Kollegen auf den Meinungsseiten der Zeitungen. Gebetsmühlenartig wiederholen sie: Abschottung hilft nicht. Wir brauchen offene Grenzen. Es gibt keine sicheren Herkunftsländer. Die Regierung will die Menschen ertrinken lassen. Keine Lager. Wir können die Armen dieser Welt nicht abweisen. Sie kommen ja sowieso. Europa macht dicht. Schämt euch.

Es sitzt sich gut auf dem hohen, warmen, weichen Sessel der Moral. Man kann von dort gut auf andere heruntersehen.

Weiß ich denn eine Lösung? Wo zwischen den Extrempositionen liegt so etwas wie das Richtige, das Angemessene? Es fällt mir immer schwerer, eine klare Meinung zu haben. Was mache ich mit dem Anderen in mir? Ihn ignorieren? Ihm das Maul verbieten? Ihn die Oberhand gewinnen lassen? Alles keine Option. Aber eines spüre ich: Ich bin mir meiner nicht mehr sicher. Ich bin mir selber fremd geworden. Ich fürchte, ein Anderer zu werden.

Manchmal helfen die Philosophen. Theodor W. Adorno schrieb einmal: »Wir mögen nicht wissen, was das absolut Gute, was die absolute Norm, ja auch nur, was der Mensch oder das Menschliche und die Humanität sei, aber was das Unmenschliche ist, das wissen wir genau.«

Diese Sätze werde ich immer wieder dem Anderen in mir vorlesen. Vielleicht hilft es ja!

Vielleicht geht es gerade aber auch nur darum, Muster zu hinterfragen und seine Haltung neu zu erkämpfen. Sich auch mal zu quälen. Zu versuchen, seine Grundüberzeugungen zu bewahren und dennoch die Tatsachen nicht zu leugnen. Und ja, es geht auch darum, zu handeln.

Wer für das Grundrecht auf Asyl ist, muss auch dafür sein, dass die, die keinen Anspruch auf Asyl haben, wieder gehen müssen. Wer nicht aushalten kann und will, dass das Recht durchgesetzt wird, muss sich fragen lassen, was das Recht wert ist, wenn es immer nur dann gelten soll, wenn man sich wohl dabei fühlt.

Denn eines ist sicher: Diesen Anderen in mir beherberge ich nicht allein. Ich kenne mittlerweile viele, bei denen auch so einer wohnt. Wohlmeinende, grundsätzlich offene Menschen, die aber auch anfangen zu zweifeln und zu brüten.

Wir sollten uns bemühen, diese Menschen nicht zu verlieren. Wir sollten uns bemühen, uns nicht zu verlieren.

Aber noch mal: Ich rede hier nicht dem Stammtisch das Wort. Der dumpfen »Das-wird-man-doch-wohl-noch-mal-sagen-dürfen«-Fraktion. Und ich möchte auch ganz bestimmt keinen Beifall von der falschen Seite. Das mögliche Lob von rechten Hetzern weise ich schon jetzt zurück. Mit euch habe ich nichts gemein. Die LGBTQ-Bewegung etwa hat grundsätzlich meine Unterstützung, auch wenn mir persönlich vieles fremd ist oder zu weit geht. Es ist wichtig, dass es sie gibt und dass sie uns für die Diskriminierung von Minderheiten sensibilisiert hat. Und ich finde es richtig, wenn mir junge Kolleginnen und Kollegen sagen, was sie nicht mehr tolerieren wollen und dass sie ihre Weltsicht abgebildet sehen möchten. So funktioniert gesellschaftlicher Wandel.

Aber was wir nicht tun sollten, ist, uns von illiberalen Ideologen jeglicher Couleur den Mund verbieten und Vorschriften machen zu lassen. Und wir sollten heikle

Themen nicht den Extremisten überlassen, sondern miteinander um Lösungen ringen. Wir müssen verschiedene Meinungen zulassen, auf Augenhöhe streiten, Rede und Gegenrede hören und voneinander lernen, also »kommunikative Vernunft« walten lassen, wie es der Philosoph Jürgen Habermas nennt.

Gar nicht so einfach. Vor allem, wenn die andere Seite sofort verteufelt wird. Klar ist: Mit Nazis und Antisemiten kann man nicht reden. Aber es ist eben nicht jeder ein Nazi, der die Integration mancher Flüchtlinge für eine schwierige Aufgabe hält. Und es ist nicht jeder ein Rassist, für den das Kopftuch ein Symbol der Frauenunterdrückung darstellt. Und es ist auf der anderen Seite auch nicht jeder ein linker Spinner, der für eine konsequente Besteuerung höherer Einkommen eintritt oder eine Finanztransaktionssteuer möchte, um auch die globale Geldwirtschaft ihren Teil des Kuchens bezahlen zu lassen, an dem sie sich längst satt gefressen hat.

Es ist nur der Komplexität der Materie geschuldet, dass nach dem Cum-Ex-Skandal, der die Steuerzahler Milliarden gekostet hat, der Sturm der Entrüstung nicht größer war. Die Menschen, mich eingeschlossen, waren schlichtweg damit überfordert, die Täter eindeutig zu identifizieren und Schuldige zu benennen. So ist es oft, wenn wir von Finanzbetrug und Steueroasen hören, in die Gewinne verschoben werden, statt sie – wie wir gewöhnlichen Menschen – brav zu versteuern. Wenn ich das Wort

»Briefkastenfirmen« schon höre, schwillt mir der Kamm. Und ich höre es seit Jahren. Aber nichts ändert sich.

Babylonische Sprachverwirrung

Anderes ändert sich schon, etwa unsere Sprache. Und natürlich ist es wichtig und richtig, dass sie sich verändert und wir bestimmte, diskriminierende Wörter nicht mehr benutzen. Wer will, kann auch gern gendern. Das, was die Mehrheit für richtig hält, setzt sich durch schlichten Gebrauch im Alltag ohnehin durch. Eine sich selbst ermächtigende Sprachpolizei brauchen wir, in beide Richtungen, nicht.

Aber die Masse an geforderten, neu erfundenen oder aus anderen Sprachen übernommenen Begriffen wird immer größer. Die Welt zerfällt zunehmend in Teilbereiche mit Szene-, Fach- und Sondersprachen, die immer weiter ausdifferenziert werden. Insider schaffen Macht durch Wissen. Nur wer die Codes kennt, kann mitreden. Und der Einzelne kommt oft kaum noch mit, auch wenn er eigentlich mithalten will. Es ist wie früher in der Schule: Wir müssen ständig neue Vokabeln pauken, um dranzubleiben. Sonst sind wir abgehängt.

Selbst Insider haben da inzwischen so ihre Schwierigkeiten. Im letzten Jahr interviewte ich Silke Müller, Schulleiterin in Niedersachsen und Digitalbotschafterin dieses Bundeslandes. Sie hat ein aufrüttelndes Buch mit dem Titel *Wir verlieren unsere Kinder* geschrieben. Darin berichtet Silke Müller, mit welchem digitalen Horror Schülerinnen und Schüler in ihrem Alltag konfrontiert werden. »Das ist ein Dauerfeuer«, sagte sie in unserem Gespräch. »Unsere Kinder werden fast täglich auf ihren Smartphones mit den schlimmsten Dingen konfrontiert. In jeder Schule und jeder Schulform. Sie sehen sexuellen Missbrauch, unfassbare Gewalt, Morde, Hinrichtungen und rassistische Übergriffe. Und sie werden damit alleingelassen.«

Sie könne nur ahnen, was das mit der Psyche der Kinder mache, welche Verheerungen so etwas anrichte. Silke Müller hat sich dem Kampf gegen diese Verrohung verschrieben. Aber kaum hat sie problematische Inhalte identifiziert und den Behörden gemeldet, da poppt woanders schon wieder etwas anderes aus den Untiefen des Internets auf. Oft getarnt durch scheinbar harmlose Namen. »Ich hinke da immer hinterher«, erzählte sie mir. »Ich schaue zwar mehr hin als die meisten anderen Erwachsenen und bewege mich in den digitalen Welten der Kinder und Jugendlichen und bediene auf eigenen Accounts absichtlich deren Algorithmen. Aber ich werde doch immer wieder unangenehm überrascht.« Das Netz ist immer schneller.

4.

Unser Ich unter digitalem Dauerbeschuss

Und es gibt, wie es scheint, kein Entkommen aus dem Meer an Informationen, die aus allen Ecken auf uns einströmen. Denn wir machen ja alle mit. Weil eben alle mitmachen. Keiner will abgehängt sein, keiner will etwas verpassen. Deshalb ist das Smartphone für viele schon zum Körperteil geworden. Einer Studie zufolge berührt ein durchschnittlicher Smartphone-Besitzer sein Handy täglich mehr als 2600 Mal. Ich mag das nicht glauben und fände 500 Mal schon viel. Aber wir wollen ja immer und überall erreichbar sein und schnell mal googeln, falls irgendwas unklar ist. »Alles sofort« ist unser Normal-Modus geworden. Was gestern war, ist längst veraltet.

Das hat es in der Menschheitsgeschichte noch nie gegeben: Das Weltwissen steht heute in vielen Teilen der Erde praktisch sofort überall jedem zur Verfügung. Wir holen die Welt in Echtzeit per Handy oder Computer zu uns und setzen so das eigene Ich unter Dauerbeschuss. Aber dieser Kontakt ist keine Einbahnstraße. Auch die

Welt saugt über digitale Medien ständig Informationen von jedem Einzelnen ab, um uns maßgeschneiderte, personalisierte Angebote zu bieten, die unsere Abhängigkeit noch verstärken. Der gläserne Konsument ist der perfekte Konsument. Wir sollen wollen. Aber dieser ungeheuren Akkumulation von Wissen steht unsere ganz individuelle »Aufmerksamkeitsknappheit« gegenüber, wie es der Soziologe Andreas Reckwitz nennt. Wir können all das, was wir wissen könnten, gar nicht aufnehmen. Und doch wird von vielen erwartet, »auf der Höhe der Zeit zu sein«.

Mittlerweile sind die meisten von uns sogar selbst zu Produzenten von News, Fotos, Bildern und Geschichten geworden. Bis ins letzte Jahrhundert galt die Regel: Die Medien produzieren Nachrichten und Kultur, das Publikum konsumiert sie und schreibt höchstens mal einen Leserbrief. Die Menge war Rezipient, einige wenige waren Produzenten. »In der digitalen Spätmoderne«, schreibt Andreas Reckwitz in seinem Buch *Die Gesellschaft der Singularitäten,* »ändert sich das grundlegend, denn jeder Rezipient kann nun zum Produzenten werden, und sei es auch nur im Kleinen. Indem er etwa seine privaten Urlaubsfotos ins Internet stellt oder Bücher auf den entsprechenden Plattformen rezensiert. Diese Egalisierung der Kulturproduktion ist mitverantwortlich für die gewaltige Überproduktion von digitalen Kulturelementen.«

Wir leben in zwei Welten

Mit anderen Worten: Wir sind nun nicht nur überforderte Empfänger, sondern zusätzlich auch noch gestresste Sender. Wer en vogue sein will, twittert oder postet »was« auf Instagram. »Sichtbarkeit und Wertschätzung«, schreibt Reckwitz, »sind abhängig von der Aufmerksamkeit eines Publikums.« Gerade jüngere Menschen haben, so höre ich auch immer öfter, das Gefühl, nicht richtig zu existieren, wenn ihr Leben nicht auch in den sozialen Medien stattfindet. Ich muss in diesem Zusammenhang immer an die kleine Tochter einer Bekannten denken. Die fragte eines Tages ihre Mutter: »Wie seid ihr eigentlich ins Internet gekommen, bevor es Computer gab?« Das klingt erst mal wie eine lustige, naive Kinderfrage. Aber dahinter steckt eine interessante Sicht auf die Welt: Diese wird vom Kind als eine verfügbare Gesamtheit wahrgenommen, auf die wir jederzeit Zugriff haben und in der wir auch stets stattfinden müssen.

Das Sein in der realen Welt wird ergänzt durch ein zweites Sein in der digitalen. Und ich habe das Gefühl, dass diese zweite, digitale Existenz zunehmend zur wichtigeren wird. Und in beiden müssen wir Informationen immer schneller verarbeiten, herstellen und kommentieren. So beschleunigen wir immer weiter und haben doch das Gefühl, nicht mehr richtig mitzukommen. »Das digitale Netz«, so Andreas Reckwitz, »ist an der Aktualität des Moments orientiert. Um die Aufmerksamkeit des Nutzers zu wecken, müssen die neuen Texte, Bilder und Links dabei mit affektiven Reizen verbunden sein: interessant, empörend, erheiternd oder bizarr.« Im Netz herrsche, schreibt Reckwitz weiter, »ein radikalisiertes Regime des Neuen, das Regime des affektiven Aktualismus, in dem das Vergangene häufig rasch vergessen wird.«

Tief in ein Thema einzusteigen, Zusammenhänge zu verstehen – all das wird durch den Aktualitäts-Bulldozer weggeschoben. Ich merke das an mir selbst, wenn ich mir fünfundvierzig Minuten auf Instagram nacheinander kleine Videos ansehe, die der Algorithmus meinen Vorlieben entsprechend ausgesucht und vorgeschlagen hat. Ich amüsiere mich, vergesse mich, überfresse mich dabei und wache irgendwann aus diesem digitalen Schlaraffenland mit schlechtem Gewissen auf.

Früher haben wir am Bahnhof beim Warten auf die Bahn einfach so rumgestanden und unseren Gedanken nachgehangen, heute starren wir auf große Bildschirme an den Wänden, die uns mit Überflüssigem versorgen. Und in der U-Bahn geht es weiter. Aber wir gucken hin. Und wenn kein Bildschirm da ist, holen wir das Handy raus.

Wir kommen nicht mehr zur Ruhe.

Immer online?

Eine Studie der Techniker Krankenkasse zum privaten Digitalkonsum der Deutschen ergab, dass knapp drei Viertel der Befragten mehrmals täglich oder fast immer online sind. Die 18- bis 33-Jährigen gaben an, dies zu 92 Prozent zu sein. Die 34- bis 49-Jährigen waren zu 79 Prozent ständig bzw. mehrmals täglich online. Und die 50- bis 65-Jährigen gaben immerhin noch an, mehrmals täglich das Internet zu nutzen. Und was tun sie da? Ganz oben stand das Kommunizieren über Dienste wie WhatsApp, dann Nachrichten lesen und an dritter Stelle E-Mails lesen und schreiben. Dazu kommen dann natürlich noch Filme, Serien, Videospiele und Online-Shopping.

Wir sind pausenlos einem nicht enden wollenden Datenstrom ausgeliefert.

Und jeden Tag und jede Nacht wird die Menge der verfügbaren Informationen größer. **Jede Minute, so heißt es in einem Beitrag des Senders *Deutsche Welle*, werden auf YouTube 400 Stunden Videomaterial hochgeladen. 103 Millionen Spam-Mails landen täglich in unseren Postfächern. Und auf Twitter werden rund 500 Millionen Tweets versendet. Das sind 6000 Tweets pro Sekunde!**

Im Jahr 2020, so das Bundesministerium für Wirtschaft und Energie, erreichte das geschätzte weltweite

Datenvolumen eine schwer vorstellbare Menge von über 50 Zetabyte (das entspricht über 50 Billionen Gigabyte). Würde man diese Datenmenge auf DVDs speichern, wäre der Stapel 2,6 Millionen Kilometer hoch – das entspricht dem 63-fachen Umfang unserer Erde. Ein Informations-Tsunami, der alles und jeden überrollt. Natürlich kann und soll ja niemand alles konsumieren, was an Daten produziert wird, aber es kommt immer noch mehr als genug bei all denen an, die häufig online sind. Und das sind die meisten von uns. Diese Informationsüberladung führt bei vielen Betroffenen dazu, dass sich ihr Kopf voll anfühlt und sie keinen klaren Gedanken mehr fassen können.

Auch der Schauspieler Charly Hübner kennt dieses Gefühl. Zur digitalen Informationsüberlastung sagt er: »Das kommt nicht, das wird geschüttet. Du steigst in die S-Bahn und guckst Fernsehen, das ist eine ständig laufende Schleife dröger, an dir herumfressender Bilder, immer, überall. Du wirst, wenn du nicht aufpasst, fortwährend zerstreut. Das ist in grässlicher Art auch eine Art Klimawandel, in seiner Gefährlichkeit nicht zu unterschätzen.«

Und es kommt noch mehr auf uns zu! Denn die nächste Welle der Digitalisierung rollt schon heran: die direkte Verbindung des menschlichen Gehirns mit dem Computer. Das Handy-Zeitalter nähert sich seinem Ende. Journalisten des Fachblattes *Chip* haben die Zukunft schon mal ausprobiert. Man kann das in einem *YouTube*-Video sehen: Sie testen darin den Prototyp eines so genannten »Brain-Computer-Interfaces« namens *NextMind,* also ein Gerät, das man nur mit seinen Gedanken steuert. Man trägt dafür ein Stirnband, an dessen Rückseite ein sehr sensibler Empfänger angebracht ist, der die visuellen Signale des Hirns direkt an den Rechner weitergibt. So kann man allein durch Blicke die Bildschirmoberfläche steuern und Fenster an- und wegklicken. Es funktioniert schon erstaunlich gut. Auch wenn es noch nach Spielerei klingt: *NextMind* und anderen gehört wohl die Zukunft. Wird diese Technik zum Massenphänomen, dann geht alles in der digitalen Welt noch schneller.

5.

Wir sollen auch immer mehr können

Aber es geht ja nicht nur darum, dass wir alle immer mehr immer schneller *wissen* sollen, nein: Wir sollen und müssen auch immer mehr *können,* um nicht auf der Strecke zu bleiben und in der modernen Welt zurechtzukommen. Aber diese Welt und ich – das passt zunehmend nicht mehr so richtig zusammen. Ich gebe mir Mühe. Aber die Welt nicht. Sie hat sich mir entzogen, sich verwandelt und kommt nun zurück in Form von Apps, Passwörtern, Downloads, Portalen, Hotlines, Bestätigungs-Codes, Log-ins, Zwei-Faktor-Authentifizierungen, Kontaktformularen, No-reply-Mails und Service-Centern ohne Service. Da spielt nun die Musik. Im wahrsten Sinne des Wortes. Ich weiß nicht, wie viel Lebenszeit ich schon damit verbracht habe, irgendwelchem Gedudel zuzuhören, während ich auf einen Mitarbeiter wartete, der »gleich für Sie da ist«. Sie kennen das alle. Sie haben alle schon »Eins!«, »Zwei!« oder »Drei!« in den Hörer gebrüllt, damit »Ihr Anliegen passend bearbeitet werden kann«. Und anschließend Ihre »durchschnittliche Wartezeit« erfahren. Zeit ist Geld. Aber Ihre und meine kostet ja scheinbar nichts. Ach doch: die Telefongebühren.

Die Welt da draußen – sie sagt uns: »Du bist lästig. Du störst. Es wäre besser, du kriegst das selber hin und nervst nicht.«

Aber immer mehr von uns kriegen all das, was wir können sollen, eben nicht mehr hin. Letzte Woche wollte ich mir meine Bahncard aufs Handy laden, weil die »echte« noch nicht in der Post war. Ich lud mir also die »DB-Navigator-App« herunter. Und verbrachte dann eine Stunde damit, mich anzumelden, das System zu autorisieren, PINs anzufordern, irgendetwas zu bestätigen, endlose Ziffernfolgen in winzige Masken einzugeben, nur um dann am Ende zu erfahren, dass der PIN-Code, den ich unbedingt für die Registrierung brauchte, leider nicht geschickt werden könne und ich mich an das Service-Portal der Deutschen Bahn wenden solle – in dem ich mich allerdings bereits befand. Ich war lange nicht mehr so wütend wie an diesem Morgen. Wut, die aus Ohnmacht entstand, weil ich dachte, dass ich zu blöd für das alles sei. War ich also schuld? War ich wirklich zu dämlich oder zu ungeduldig für diese Welt?

Eine kurze Suche im Netz unter dem Stichwort »Ärger mit DB-App« brachte die Erleichterung! Es geht auch Hunderten von anderen Nutzern so. Der DB-Navigator ist ein teuflisches Portal, das Massen in den Wahnsinn treibt. Er wurde offenbar von Saruman ersonnen, uns zu knechten und in wütende Orks zu verwandeln. Man soll gar nicht mit dem Zug fahren. Habe ich dann kurz darauf aber doch gemacht – und das System hat gnadenlos zurückgeschlagen: Verspätung, geänderte Wagenreihung, Kühlung im Speisewagen ausgefallen. Kein Wasser in der Toilette. Mit eingeseiften Händen zurück zum Platz.

Ich lebe angeblich in einer modernen Dienstleistungsgesellschaft. Aber die Dienste soll zunehmend *ich* verrichten: im Supermarkt meine Einkäufe selbst scannen, meine Zeit in Warteschleifen absitzen und meine Pakete selbst abholen, weil der überforderte Post- oder Paketbote es nicht mehr schafft, in den dritten Stock hochzugehen, und lieber einen Zettel in den Briefkasten wirft. Zugestellt wird auch längst nicht mehr jeden Tag. Immer mehr Postfilialen schließen. Aber dafür bekommt man nette Mails von DHL wie »Ihr Paket wird für den Transport vorbereitet«. Zwei Wochen lang!

Der alltägliche Wahnsinn im Wartezimmer

Ich muss mir auch immer häufiger einen Arzttermin nicht mehr in der Praxis, sondern beim Portal Doctolib selbst organisieren. Letzteres meldet mir aber gern, dass zurzeit keine Termine vergeben werden. Es sei denn, ich bin Privatpatient. Da geht es innerhalb von wenigen Wochen. Oder sogar Tagen. Sie denken, ich übertreibe? Ich werde Ihnen hier jetzt mal einen Dialog mit dem Empfang eines Facharztes wiedergeben. Der Wortlaut mag gelegentlich etwas anders gewesen sein, aber die Fakten stimmen:

Schlenz: »Guten Morgen. Ich bin Patient bei Ihnen. Ich habe etwas, das mir Sorgen macht. Ich hätte gern zeitnah einen Termin.«

Arzthelferin: »Moment.« (Sie fragt nach meinem Namen, sucht im Computer und sieht, dass ich Kassenpatient bin.) Dann sagt sie: »Sie können im November kommen.«

Schlenz: »Das ist nicht Ihr Ernst. Das sind fast drei Monate!«

Arzthelferin: »Leider ja. Vorher ist nichts frei.«

Schlenz: »Aber ich sagte doch, dass ich mir Sorgen mache. Da muss doch was gehen.«

Arzthelferin: »Sie können in die Notfallsprechstunde kommen.«

Schlenz: »Ah, sehr gut. Das mache ich. Wann ist denn die?«

Arzthelferin: »Na, Sie kommen morgens und stellen sich an. Dann wird die Schlange abgearbeitet. So viele, wie die Ärzte neben den Terminpatienten halt schaffen. Garantieren, dass Sie drankommen, kann ich aber nicht. Je früher Sie kommen, desto besser. Manche stehen schon frühmorgens da.«

Schlenz: »Na, gut. Dann komme ich früh, melde mich an und gehe noch Einkaufen.«

Arzthelferin: »Das geht nicht.«

Schlenz: »Wie? Das geht nicht? Warum denn nicht?«

Arzthelferin: »Sie warten ja darauf, dass Sie sich anmelden können. Erst dann können Sie im Wartezimmer Platz nehmen. Wenn die Notfallsprechstunde voll ist, nehmen wir keine Anmeldungen mehr an.«

Schlenz: »Das heißt, man muss in der Schlange warten, wie früher in der DDR bei der Verteilung begehrter Waren? Das kann ja Stunden dauern.«

Arzthelferin: »Ich kann es nicht ändern.«

Schlenz: »Und wenn ich die Untersuchung selber zahle?«

Arzthelferin: »Moment ... (schaut wieder im PC nach). Dann können Sie morgen um 12 Uhr kommen.«

Sie werden jetzt vielleicht denken, dass ich mal wieder übertreibe. Klingt vielleicht ja auch wirklich so: drei Monate Wartezeit bei Kasse, einen Tag bei Selbstzahler oder Privatpatient. Aber ich versichere Ihnen: So war es. Ich bin am kommenden Tag hingegangen, wurde kompetent untersucht, man half mir, und ich zahlte rund 50 Euro. Ich habe den Arzt dann auf die Terminvergabe angesprochen und ihm gesagt, wie sehr mich der Vorgang entsetzt hat. Dem Mediziner, den ich als Fachmann sehr schätze, war die Sache etwas unangenehm. Er nahm sich dann aber Zeit für ein Gespräch. Seine Erklärung: Von Kassenpatienten allein könne er nicht leben. Er müsse eine bestimmte Anzahl privat Versicherter behandeln, um wirtschaftlich klarzukommen. Und die erwarteten eben zeitnahe Termine. Es gäbe im Einzugsbereich seiner Praxis darüber hinaus nicht genug Ärzte seiner Fachrichtung, deshalb würde man ihm praktisch die Bude einrennen. Sie kämen einfach nicht hinterher. Er sei mit den langen Wartezeiten und den Schlangen der Notfallsprechstunde auch unglücklich, aber so sei es nun mal. Hätte er nur Kassenpatienten, könne er seine Praxis dichtmachen. Die würden einfach nicht genug Geld für die erbrachte Leistung und den Zeitaufwand bringen.

Aber entschuldigt das alles? So oft fühlen sich Kassenpatienten in unserem Medizinsystem missachtet – und wissen nicht, wie sie das Problem lösen sollen. Kürzlich kam eine Freundin wutschnaubend von ihrem Frauenarzt zurück. Der Termin war vor Monaten vereinbart worden und sie hat trotzdem über eine Stunde warten müssen. Es gab keine Notfälle vor ihr. Es handelte sich einfach nur um schlechtes Terminmanagement der Praxis. Der Arzt gab sich zerknirscht. Aber das Ganze hatte sich ein Jahr zuvor exakt genauso zugetragen. Auch damals gelobte man Besserung. Ohne Erfolg. Wir alle kennen das. Lange Wartezeiten – trotz Termin – sind der Alltag und keine Ausnahme in deutschen Arztpraxen.

Wir sitzen uns den Hintern breit und kriegen schlechte Laune. Manche beschweren sich vor Ort, die meisten aber schweigen. Warum? Weil wir bei Ärzten eben oft in einer angstbesetzten Situation sind. Man möchte nicht von jemandem untersucht werden, mit dem man zuvor gestritten hat. Man möchte Freundlichkeit, Trost und Zuwendung. Deshalb schluckt man meist seinen Ärger runter.

Ich behaupte nicht, dass Kassenpatienten hierzulande schlechter behandelt werden als Privatpatienten. Aber sie warten definitiv länger auf einen Termin beim Arzt. Privatpatienten warten Tage. Kassenpatienten Monate. Und sie haben offenbar zunehmend Schwierigkeiten, überhaupt einen zu bekommen. Auch das überfordert, nervt und stresst uns. Ich höre um mich herum immer mehr Leute klagen, dass sie bei Fachärzten einfach nicht mehr aufgenommen werden. Zumindest nicht als Kassenpatienten. Und wer in eine andere Stadt umzieht, muss sich anstrengen, um einen neuen Hausarzt zu finden.

Warum ist das so? Deutschland hat eines der teuersten Gesundheitssysteme der Welt. Fragt man Ärzte oder die Krankenkassen oder Patientenverbände, so hört man viele Argumente und erfährt zahlreiche Gründe, warum der Laden nicht läuft und es noch viel mehr Geld braucht oder es zumindest fairer verteilt werden sollte. Warum verdienen Kinderärzte viel weniger als Radiologen? Arbeiten die Radiologen härter? Ich glaube nicht. Doch egal, mit wem man spricht: Die Argumente jeder Seite hören sich nachvollziehbar an. Aber am Ende ist es doch immer der Patient (lateinisch »leidend«, »erduldend«), der wartet, endlos rumtelefoniert, Dinge nicht versteht, der Angst und Beschwerden hat und mit alldem restlos überfordert ist und sich hilflos und im Stich gelassen fühlt.

Meine Irrfahrt durchs Gesundheitssystem

Denn auch hier gilt: Wissen ist Macht. Aber dieses Wissen ist nicht so leicht zu erlangen. Es ist erstaunlich, wie verloren man sich als Kranker in unserem Medizinsystem fühlen kann. Wie ich im letzten Jahr. Ich erkrankte an Corona und lag eine Woche mit Fieber und Halsschmerzen flach. Nach dieser Woche ging es mir besser. Aber das war nur die Ruhe vor dem Sturm. Denn nach etwa zehn Tagen bekam ich eine absurde Infektion im Mund. Ich sah aus, als ob ich Oral-Pocken hätte. Es fing mit kleinen Stellen an. Aber dann bekam ich kirschgroße Stellen im Mund und auf den Lippen. Mein (sehr guter) Hausarzt war beeindruckt. »Dein Immunsystem spielt nach der Corona-Infektion verrückt«, sagte er. »Das sieht für mich nach ziemlich heftigen Aphten aus. Aber mal sehen …«

Er ließ ein Blutbild machen. Das schien ihm unverdächtig, trotzdem schickte er mich zur weiteren Abklärung zum HNO-Arzt – und verabschiedete sich dann für zwei Wochen in den Urlaub.

Für mich begann dann eine Odyssee durch Arztpraxen verschiedener Fachrichtungen. Der eine sah sich das Blutbild meines Hausarztes noch nicht mal an, murmelte »Ist was Bakterielles«, verschrieb mir aber ein Antibiotikum – und ging auch in den Urlaub. Der nächste Arzt fragte mich, wieso ich denn »mit dem Blutbild« Antibiotika bekäme, das bringe ja nun überhaupt nichts, und schickte mich zu einer Dermatologin. Die sagte, ich solle das Zeug dennoch weiter einnehmen – und diagnostizierte Herpes statt Aphten. Es war zum Verrücktwerden: Laborberichte kamen nicht an. Diagnosen widersprachen sich. Dokumente wurden nicht gelesen. Einmal bekam ich eine Überweisung mit einem so genannten Dringlichkeitscode. »Toll«, dachte ich. »Da komm ich bestimmt schnell dran!« Aber nix da. Man schickte mich wieder weg.

»Nein«, hieß es. »Mit diesem Code können Sie hier keinen Termin direkt vereinbaren. Sie müssen sich an die Terminvergabestelle der kassenärztlichen Vereinigung wenden. Die veranlassen dann, dass Sie zu uns in die Praxis kommen können. So ist das System. Wir halten für solche Fälle extra in jeder Woche Termine frei.«

Ich schleppte mich also verzweifelt nach Hause und rief bei der Terminvergabestelle der kassenärztlichen Vereinigung an: »Ich habe einen Dringlichkeitscode und brauche einen Termin bei dieser Hautarzt-Praxis.«

Ich nannte den Namen und die Adresse.

»Ach«, seufzte die terminvergebende Dame, »das hören wir so oft, dass die Leute zu einem bestimmten Arzt wollen. Und es wundert mich, dass die Ärzte und deren Angestellte das immer noch nicht wissen: Ich kann Ihnen einen Termin bei **irgendeinem** Dermatologen besorgen. Aber nicht bei einem bestimmten. Wenn Sie mir also Ihre Daten durchgeben und Ihren Code nennen, wird das System eine Praxis in der Nähe auswerfen.«

Was ist nun mein Fazit dieser Ärzte-Odyssee? Irren ist menschlich. Und vielleicht hatte ich ja auch alle möglichen Krankheiten auf einmal im Mund. Aber nie wieder werde ich ein Blutbild oder andere Dokumente vorn am Praxis-Schalter zum Einscannen abgeben und darauf vertrauen, dass das dann schon alles seinen richtigen Gang geht. Denn dann läuft man Gefahr, dass der Arzt sich das Mitgebrachte später gar nicht ansieht. Es merke sich bitte jeder: Was wichtig ist, sollte man dem Arzt direkt in die Hand drücken oder ihm deutlich sagen, dass er oder sie einen Befund auf dem Rechner hat. Man muss als Patient wirklich aufpassen und mitdenken. Die Hektik des Medizinbetriebes sorgt nämlich für Überforderung auf beiden Seiten. Die Ärzte hetzen von einem Patienten zum nächsten und haben offensichtlich zu wenig Zeit. Und der ohnehin schon angeschlagene Kranke muss leider selbst aufpassen, dass nichts übersehen wird. Wenn er denn überhaupt einen Arzt findet.

Bittsteller statt Kunde

So kann es nicht weitergehen. In meinen Augen ist der Arztbesuch auch »nur« eine Dienstleistung, für die wir bezahlen. Wir sind die Kunden, der Arzt bietet seine Leistung an und wird dafür von uns über den Versicherungsträger bezahlt. Normalerweise läuft das Dienstleistungsgewerbe in unserem Lande ja auch rund. Kein Anwalt, Steuerberater, Beerdigungsunternehmer, Masseur oder Friseur würde seine Kunden trotz eines vorher vereinbarten Termins stundenlang in einem Vorraum schmoren lassen und dann anschließend so tun, als sei das völlig normal. Oder hektisch und mit sichtbarer Ungeduld auf Tempo drängen. Und wir würden das auch niemals mit uns machen lassen, sondern rechtzeitig protestieren und gehen. Sicher, Ärzte können nicht immer wissen, wer mit welchem Problem zu ihnen kommt. Manches ist zeitraubender als ursprünglich gedacht oder es gibt Notfälle, die dazwischengeschoben werden müssen. Klar, das kann vorkommen, aber nicht ständig. Wir aber warten grundsätzlich und haben dabei noch das Gefühl, den Arzt oder die Helferinnen zu stören. Zumindest als Kassenpatienten.

Bei den Privatversicherten sieht die Sache ganz anders aus, auch wenn das immer wieder abgestritten wird. Vielen Ärzten scheint es egal zu sein, wie lange die Kassenpatienten warten müssen. Nach meiner Erfahrung ist es bei Dermatologen, Neurologen und Orthopäden besonders schlimm. Warum? Einige Praxen – auch aus diesen Fachrichtungen – kriegen es ja trotzdem hin. Auch bei meinem Zahnarzt muss ich nie lange warten. Ebenso wenig wie bei meinem Hausarzt, der seinen Laden im Griff hat. Aber sonst: Warten auf Dr. Godot. Und dieses Warten geht ja nicht erst im – Nomen est Omen – Wartezimmer los. Schon einen Termin beim (Fach-)Arzt zu kriegen, ist ja, wie gesagt, eine Herkulesaufgabe.

Ich will mit Ihnen jetzt hier nicht in die Untiefen des deutschen Abrechnungssystems einsteigen. Aber ich habe von Ärzten im Freundeskreis gehört, dass auch sie unzufrieden mit der Lage sind. Irgendwas im System läuft anscheinend grundfalsch. Mir schwant: Auch Ärzte sind keine Sadisten, die Leute vorsätzlich im Wartezimmer hocken lassen wollen. Aber viele tun es. Warum? Stimmt es, dass sie an den Kassenpatienten zu wenig verdienen? Oder sind sie einfach nur schlecht organisiert? Ist es Gier oder Fatalismus? Warum geht es nicht besser?

Deutschland gehört zu den Ländern mit den meisten Ärzten und den meisten medizinischen Geräten. Es gibt allein 80 000 niedergelassene Fachärzte. Hebammen allerdings fehlen, Kranken- und Altenpfleger/innen auch. Ich frage mich: Wo bleiben die über vierhundert Milliarden Euro, die laut Statistischem Bundesamt allein im Jahr 2021 für Gesundheit in Deutschland ausgegeben wurden, wenn diese Basics nicht funktionieren? Warum warten wir so lange auf Arzttermine? Oder auf Darmspiegelungen oder MRTs? Die Leute haben Angst, wollen Entlastung oder Gewissheit, müssen sich aber gedulden, wenn sie »nur Kasse« sind. Warum »verrecken« wir regelmäßig in der Warteschleife am Telefon, wenn wir in einer Praxis anrufen? Warum sind Ärzte in Kliniken so oft gestresst und überarbeitet? Warum gibt es nicht genug Pflegepersonal? Warum fehlen Medikamente?

Ich weiß es nicht. Ich weiß nur, dass auch dieser Bereich unseres Lebens von massiver Überforderung betroffen ist. Die Patienten und auch die Ärzte und das Pflegepersonal kommen einfach nicht mehr mit. Zumindest die in den deutschen Krankenhäusern nicht. Hier ist die Überforderung Programm. Sie ist eingepreist. Zu wenig Personal ist für zu viele Patienten zuständig. Pflegekräfte sind überdurchschnittlich häufig von Burnout betroffen und schmeißen in Scharen den anstrengenden Job hin. Was die Lage noch verschlimmert. Und auch immer mehr Ärzte wollen sich nicht mehr im Krankenhausbetrieb kaputtmachen lassen und nach bis zu acht Nachtdiensten im Monat wieder übermüdet für eine ganze Station zuständig sein. Ein Viertel der Krankenhausmediziner, so berichtete die *Süddeutsche Zeitung*, denkt ans Aufhören. Ein Drittel arbeitet nur noch in Teilzeit, weil sie Arbeitszeiten von 50, 60 Stunden pro Woche nicht mehr aushalten wollen. Gebraucht würden deshalb:

mehr Studienplätze, mehr Personal und weniger Druck im System. »Der Kernfehler der Krankenhausfinanzierung ist«, so die *SZ,* »dass die Ärzte möglichst viele Fälle behandeln müssen, damit die Kliniken wirtschaftlich überleben.« Die Fluchtgedanken der Ärzte zeigen: »Dieses System funktioniert nicht mehr.« Vielleicht bringt ja die Krankenhausreform endlich Entlastung.

Man kann eben systematische Überforderung auf Dauer nicht zum Geschäftsmodell machen.

6.

Er lauert überall: Der Terror der Technik

Und diese Überforderung begegnet uns ja überall, in fast allen Lebensbereichen. Selbst, wenn ich der Welt genervt entfliehe und zu Hause bleibe, kommt die Welt zu mir und nervt. Mails erscheinen auf meinem Rechner. Von meiner Bank, meinem Stromanbieter, von der Versicherung. Ich soll immer irgendwas machen, bestätigen, ablesen, eingeben, aktualisieren, verifizieren und runterladen. Aber ich trau mich nicht. Es wird doch gewarnt. Betrüger sind im Netz unterwegs, die auf täuschend echt nachgebildeten Seiten unsere sensiblen Daten abgreifen wollen. Eine Art digitaler Enkeltrick. Ich klicke also keine Anlagen an und fülle nichts online aus. Ich rufe lieber bei den Stadtwerken an. Und höre dann: »Guten Tag. Um Ihr Anliegen passend bearbeiten zu können, nennen Sie bitte nach dem Tonsignal Ihre Kundennummer und anschließend den Grund Ihres Anrufs, indem Sie eins, zwei oder drei sagen.«

Ich beiße in mein Handy.

Ich bin schon wieder überfordert. Weil man einfach zu viel von mir fordert: Wissen, Kompetenzen, Flexibilität, Zeitmanagement, Anpassung.

Außerhalb meiner Heimatstadt kann ich mir keine Fahrkarte für den öffentlichen Nahverkehr kaufen, weil ich die Benutzeroberfläche des Fahrkartenautomaten mit seinem Tarifzonen-Dschungel nicht verstehe. Ich stehe hilflos davor, während hinter mir ein Eingeweihter augenrollend wartet.

Auch die angeblich so einfache Lebensmittel-Ampel, auch »Nutri-Score« genannt, macht mich wahnsinnig. Buchstaben von A bis E prangen auf Packungen. In verschiedenen Farben: Dunkelgrün, Grün, Gelb, Orange und Rot. Das rote E ist bäh, also das Angebotene ist zu süß, zu fettig, zu salzig, zu ungesund. Das A soll super sein. Und alles dazwischen? Halb gesund? Halb fettig? Halb süß? »Die größte Schwäche des Nutri-Scores ist, dass das System falsch gelesen werden kann«, sagt Benedikt Merz vom Bundesforschungsinstitut für Ernährung und Lebensmittel. Aha. Dabei heißt es, dass das alles total einfach und verbraucherfreundlich sei. Für mich nicht. Mich verwirrt das.

Außerdem ist die Kennzeichnung für die Anbieter freiwillig, also nicht auf allen Packungen zu finden. Und Verbraucherzentralen haben auch schon falsche Angaben der Unternehmen auf Verpackungen gefunden. Zum Beispiel prangte auf einem Schoko-Pudding mal ein C, obwohl laut Verbraucherschützern ein D geboten gewesen wäre. Das beruhigt ja ungemein. Aber die Verbrauchertäuschung mit dieser Kennzeichnung geht noch weiter: Wird etwa Trinkschokolade mit fettarmer Milch zubereitet, bekommt das Zeug ein grünes B, auch wenn das Kakaopulver darin zu 70 Prozent aus Zucker besteht. »Im schlimmsten Fall«, schreiben die Kolleginnen und Kollegen vom *NDR,* »würden Verbraucher im guten Glauben, sich mit A- und B-Produkten gesund zu ernähren, nur minderwertige Lebensmittel essen und wirklich gesunde, wie ein hochwertiges Olivenöl oder Fisch, vermeiden, weil diese Produkte laut Nutri-Score schlechter abschneiden.«

Ich habe mal auf die Seite des Bundesministeriums für Ernährung und Landwirtschaft geschaut, um das alles besser zu verstehen. Ich fand dieses schöne Zitat: »Nutri-Score-Modell, Keyhole® oder MRI-Modell? Ein vereinfachtes, erweitertes Nährwert-Kennzeichnungssystem vorne auf der Lebensmittelverpackung ist ein zentraler Baustein einer ganzheitlich ausgerichteten Politik für eine gesunde Ernährung. Zudem war es ein Auftrag aus dem Koalitionsvertrag.«

Keyhole? MRI-Modell? Die ticken doch nicht richtig, ich mag die Lebensmittel-Ampel nicht. Ich traue ihr nicht. Sie nervt.

Wie so vieles, das mich überfordert. Ich soll immer mehr wissen, packe das aber nicht und stiere dann wie blöd ins Nichts. Ich leide an Info-Demenz!

KAPITEL 6

Geht alles automatisch. Oder auch nicht.

Ich ahne, dass es auch an mir selbst liegt. Weil die Welt immer komplizierter wird, werde auch ich immer komplizierter und umständlicher. Ich bin blockiert, weil ich schon ahne, dass wieder was nicht klappt, wenn ich etwas bestellen, organisieren, runterladen, bestätigen oder einkaufen will. Und dann klappt es eben auch nicht. Ein Teufelskreis. Ich stehe vor einem Schild mit einem QR-Code und halte die Kamera meines Handys drauf. Hoch, runter, links, rechts. Aber es funktioniert nicht. Was mache ich falsch?

Ich weiß auch nicht, in welchen Schlitz ich die Karte in den Kassenautomaten vom Parkhaus schieben muss. Und wenn ich zahlen will, wird der Zehn-Euro-Schein immer wieder eingesogen und wieder ausgespuckt. Zehn Mal. Und dann lasse ich jemand anderen vor. Und der Automat nimmt dessen Zehner.

Noch schlimmer ist es bei den Parkscheinautomaten im Freien. Horden Verzweifelter stehen vor diesen Dingern rum und diskutieren, wo man denn nun drücken muss, wo das Geld oder die Kreditkarte reinkommt und warum das alles trotzdem nicht funktioniert, obwohl alle denkbaren Varianten durchprobiert wurden.

Auch der immer häufiger geforderte Self-Check-in am Flughafen an diesen kryptischen Gepäck-Automaten ist ein Horror für mich. Ich will das nicht. Ich möchte das mit dem Gepäck mit Menschen regeln. Ich bin sowieso schon immer gestresst an Flughäfen. Warum soll ich jetzt auch noch die Gepäckaufgabe selber machen? Alles in mir sträubt sich dagegen, meine Koffer in eine seelenlose Maschine zu stopfen.

Ich kann noch nicht mal mein neues Handy selber einrichten. Ich habe eben nicht den spielerischen Angang unserer Söhne, die mit all dem Neuen so viel besser klarkommen. Irgendein verfluchtes Tool, wie man ja heute sagt, macht immer Probleme. Es kommt eine Meldung: »Gesendete Elemente können mit POP nicht synchronisiert werden und können nur auf dem Gerät gespeichert werden, von dem sie stammen.«

Ich habe keine Ahnung, was gemeint ist. Ich habe das Gefühl, dass Aliens zu mir sprechen. Das tun sie häufiger. Wir hatten uns gerade ein neues iPad gekauft und wollten die Daten vom alten Tablet auf das neue übertragen. Folgendes wurde mir dazu im Internet geraten: »In kürzester Zeit erkennt MobileTrans Ihre iPads automatisch und markiert sie entweder als Quelle oder als Ziel. Stellen Sie sicher, dass ihre Platzierung korrekt ist, oder verwenden Sie die Wechseln-Taste (Flip-Taste). Wählen Sie nun aus der Liste der unterstützten Datentypen, die übertragen werden können, einfach aus, was Sie verschieben möchten.«

Das klang etwas kryptisch, aber vielversprechend.

Funktioniert hat es nicht. Denn, so die Experten an anderer Stelle: »Um Ihre Daten vom alten iPad auf ein neues zu übertragen, müssen beide Geräte auf derselben iOS-Version ausgeführt werden. Andernfalls treten Kompatibilitätsprobleme auf. Die Sicherung enthält Ihre Mediendateien, Dokumente und andere wichtige Daten. Es werden jedoch die vorhandenen Daten auf Ihrem neuen iPad gelöscht.«

Daten gelöscht? Wir riefen unseren IT-Mann an. Er kannte das schon. »Finger weg. Komme morgen früh.«

Mein Smartphone entwickelt zudem in meinen Händen ein beängstigendes Eigenleben. Tippe ich eine Mail ein, öffnet sich immer wieder plötzlich der Fotomodus, und ich sehe meine Füße. Was ist passiert? Was habe ich da eingetippt? Habe ich zu dicke Finger? Und warum mache ich dauernd unbeabsichtigte Hosentaschenanrufe? »Danke, dass ich mir heute zwanzig Minuten anhören konnte, wie du gehst«, sagen mir dann Freunde.

Und mein Auto-Navi, das ruft ständig »bitte wenden«, weil ich wieder mal »rechts halten« und »rechts abbiegen« verwechselt habe. Sonst sagt es auch gern mal nichts, obwohl das vor der gewünschten Autobahnausfahrt sehr nützlich gewesen wäre. Ich habe versehentlich den Ton weggedrückt, obwohl ich fest der Meinung bin, nichts gedrückt zu haben. Dafür nimmt das Navi ab und an mal keine Adressen an. Bergstraße 15b soll es nicht geben, obwohl ich dort schon mal war. Und dann tönt auch noch ein Song von Spotify aus den Lautsprechern, obwohl ich das gar nicht aktiviert habe.

Alles wird komplizierter in der angeblich so benutzerfreundlichen digitalen Welt. Rufe ich eine Seite im Internet auf, kommt zuerst eine Datenschutzerklärung und die Aufforderung »sämtliche« oder »nur essenzielle« Cookies zu akzeptieren. Ich muss also vor dem Lesen einer Seite Erklärungen abgeben, Menüs auswählen und mein Einverständnis erteilen. Ich weiß: Es dient der Sicherheit meiner Daten. Aber es nervt mich trotzdem. Und mal ganz ehrlich: Haben Sie schon mal, wenn Sie wirklich was Wichtiges im Netz gefunden haben und es dann lesen wollten … also haben Sie dann wirklich die blöden Cookies verweigert? Eben. Wenn es darauf ankommt, denkt fast jeder: Ach, was soll's. Ich weiß ohnehin nicht mehr, wer was von mir weiß. Die Mails zu Viagra oder Treppenliften habe ich zumindest nicht bestellt. Irgendjemand da draußen weiß, wie alt ich bin und kennt meine Adresse. Ich habe sie nicht rausgegeben.

Der verwirrte Kunde

Sogar wenn ich nur mal eben schnell was bei einer dieser Fast-Food-Ketten essen will, wenn mich der Heißhunger packt, muss ich jetzt vorab spezielle Kompetenzen erwerben. Und mich zudem ausführlich äußern. Früher bestellte ich am Schalter einen Hamburger mit Pommes und einer Cola. Heute werde ich sofort aufdringlich gefragt, ob ich auf eine der zahllosen Menü-Varianten upgraden will. Ich stehe dann da und starre auf Schilder mit verwirrenden Kombinationen (Spar, XL, Super-Spar, Aktions-Variante), bin mal wieder überfordert und nehme dann irgendwas, was meiner Ursprungsbestellung ähnelt. Dabei wollte ich eigentlich gar keine großen Pommes und keine Cola, mit der man eine Kinderbadewanne füllen könnte. Und neuerdings muss ich in solchen Läden sogar an einem Automaten bestellen, mit Karte zahlen, mir einen ausgeworfenen Bon greifen und warten, bis jemand meine Nummer brüllt und ich mir mein Essen abholen kann.

Gänzlich aufgeschmissen bin ich in einer dieser hippen Kaffeehausketten. Früher reichte ein einfaches: »Einen Kaffee, bitte.« Heute muss ich dort vorab auch den »Flavor« (also den Geschmack) festlegen, sagen, ob das Ganze heiß, eisgekühlt oder gemixt werden soll, ob es mit oder ohne Koffein, Süßstoff oder Zucker sein soll, ob normale, halbfette, laktosefreie, Hafer- oder Sojamilch hinein soll und ob ich zudem eine Stempelkarte möchte. Die größte Herausforderung ist dann die Bechergröße: Tall, Grande oder Venti? »Small« gibt es gar nicht. »Tall« ist der kleinste Becher, obwohl das, soweit ich weiß, im Englischen »hoch« oder »groß« bedeutet. Und bei »Mocha« handelt es sich nicht um einen Mokka, sondern um einen Espresso mit Kakao und Milch. Man kann aber auch

Double Mocha Chocolate Frappuccino ordern, wenn einem danach ist.

Außerdem muss man beim Bestellen seinen Namen sagen und wird dann aufgerufen. Ich will nicht, dass mein Name durch ein hippes Café gebrüllt wird. Ich will meinen Double Mocha Chocolate Frappuccino in gebotener Anonymität trinken. Aber man lässt mich nicht. Alle sollen hören, dass ich jetzt hier Kaffee trinke. Datenschutz sieht anders aus. Und außerdem will ich auch nicht von jedem geduzt werden. Ich nenne mich in diesen Läden jetzt immer »Pisello«. Das ist Italienisch und heißt »Pimmel«.

Ich bin mal schluchzend aus so einem Laden gerannt und habe dabei geschrien: »Ich wollte doch nur einen Kaffee trinken!« Ich eilte in einen Drogeriemarkt, um mir Taschentücher zu kaufen, wurde aber auch hier an der Kasse erst mal verhört: »Haben Sie eine Kundenkarte? Wollen Sie eine Kundenkarte? Haben Sie unsere App? Butzen Sie unser Payback-System? Sammeln Sie Punkte? Oder möchten Sie vielleicht Bargeld abheben?«

Es ist zum Heulen: Ich will nur schweigend bezahlen und muss einen Fragenkatalog wie bei der Einreise in die USA beantworten. Hoffentlich geht das nicht bald auch bei Ärzten los: Möchten Sie noch Ihren Urin checken? Und wenn ja, in welchem Becher? Haben Sie unsere Darmspiegelungs-App? Wollen Sie eine DAK-Sparkarte oder gern auf »privat« upgraden?

Na ja, weit entfernt sind wir davon nicht mehr. Die

so genannten »IGEL«-Leistungen, also die individuellen Gesundheitsleistungen wie Zahnreinigung oder die Augeninnendruck-Messung, sind der Einstieg in die Kundenkarten-Hölle. Irgendwann heißt es dann: »Wir bieten ein Blutbild in Tall, Grande oder Venti an. Tall ist aber ohne Zucker. Und: Möchten Sie Bargeld abheben?«

Wie mag es da noch älteren Menschen als mir beim Einkaufen gehen? Wer nicht mitzieht und scannt, mit Karte zahlt, Punkte sammelt oder Kundenkarten hortet, ist irgendwann raus. Viele Tickets und Einlasskarten gibt es zudem nur noch digital. Wissen die Verantwortlichen nicht, dass es viele alte Menschen gibt, die Probleme damit haben, sich ein Dokument herunterzuladen? Sind diese Menschen dem neuen, schnellen Deutschland egal?

Ich bin noch nicht alt, aber bestimmt auch kein Digital Native. Ich bin eher ein digitaler Depp. Einer meiner häufigsten Sätze an Parkautomaten, Flaschenrückgabe-Automaten, an Lebensmittelwaagen oder am Computer lautet: »Warum geht das denn jetzt nicht?« Ich weiß nicht, warum mein Scanner plötzlich nicht mehr scannt oder »das Programm zum Öffnen einer Textdatei« nicht mehr gefunden wird. Und wenn ich mit zwei Bildschirmen arbeite, kriege ich den Cursor nicht von einem zum anderen Schirm, ohne wie ein Irrer mit der Maus herumzufuchteln. Ich fühle mich dann wie Louis de Funès in einem schlechten Film.

Man hört oder liest ja oft die Werbung, dies oder jenes

sei nur »einen Mausklick entfernt«. Für mich ist dieser Mausklick oft ein gähnender Abgrund, über den keine Brücke führt. Ich muss dann erst Experten anrufen, die vorbeikommen oder sich zuschalten, um dann mit gütiger Miene in rasender Geschwindigkeit auf meinem Rechner herumzuwerkeln, bis sie schließlich sagen: »So, jetzt geht es wieder. Du musst das nächste Mal ...« Und dann folgen Anweisungen, die ich sofort wieder vergesse, weil das Vokabular mich so abstößt, dass sich eine innere Widerstandsmauer in mir aufbaut. Es ist wie früher in der Schule im Matheunterricht.

Ich weiß auch nicht, welcher Computer eigentlich der richtige für mich ist. Dabei muss ich mir ziemlich oft einen neuen kaufen, weil der alte nicht mehr upzugraden oder mit irgendwas nicht mehr kompatibel ist. Und dann fragt mich der Verkäufer, ob ich einen »externen Hub« (da ist er wieder) und eventuell wegen des geringeren Speichers auch eine »externe Harddrive« möchte. Und wenn ja, ob mit SSD oder HDD? Und ich schäme mich, weil ich alter Sack nicht weiß, wovon er redet. Ich sage es aber nicht. Ich kaufe einfach etwas, das dann wieder einer unserer Söhne anschließen muss.

Aber ich werde definitiv nie wieder meinen Netzanbieter wechseln. Das habe ich einmal gemacht. Man schickte mir einen Router und eine Anleitung. Machen wird es kurz: Wir hatten dann zwei Monate kein Internet, dafür aber viele Telefon-Bekanntschaften in Hotlines

(»Bitte nennen Sie Ihre Kundennummer deutlich in einzelnen Ziffern oder tippen Sie sie ein.«).

Auch der Staat sagt: Mach das selber!

Es sind ja nicht nur die »modernen« Kommunikationsmittel, die mich an meine Grenzen bringen. Ohne meinen Steuerberater wäre ich im wuchernden Dschungel unseres Steuerrechts verloren. Er fragt mich übrigens jedes Jahr etwas, das er mich vorher noch nie gefragt hat. Und ich weiß nie die Antwort und wühle dann zu Hause missgelaunt in irgendwelchen Schubladen herum. Aber unsere Grundsteuererklärung, die wollte ich einfach mal selber schaffen. Und saß wie der Ochs vorm Berg davor, weil ich den Unterschied zwischen Flurstück und Gemarkung nicht kenne. Das ist zwar »altes« Wissen. Hab ich aber trotzdem nicht drauf. Meine Lücken lappen sogar in die Vergangenheit. Es tröstete mich etwas, dass die halbe Nation an der Grundsteuererklärung verzweifelte. Das sagt mir: Du bist nicht allein in deinem Elend.

Dass der Staat von seinen Bürgerinnen und Bürgern all diese Daten wissen will und wir sie ihm liefern mussten, ist ein weiteres Beispiel für den Info-Wahnsinn um uns herum. Weil eben dieser Staat nicht in der Lage ist, seine Verwaltung zu digitalisieren, mussten Hausbesitzer und Wohnungseigentümer sich nach ihrer Arbeit hinsetzen und zusätzlich auch noch seine Arbeit machen. Und das dauerte Stunden. Ich weiß, wovon ich rede. Man wühlte in alten Unterlagen, recherchierte im Netz, telefonierte mit Architekten, fragte Nachbarn und Freunde. Dabei sind nahezu alle Daten, die in die Formulare eingetragen werden mussten, bereits bei Ämtern und Behörden hinterlegt. Der Staat weiß eigentlich, wer wo auf wie viel Quadratmetern auf welchen Flurstücken wohnt und wem Grundstücke, Wohnungen und Gebäude gehören. Er kennt die unterschiedlichen Bodenrichtwerte, Nutzungsarten und Grundstücksgrößen. All dies ist in Katasterämtern, Baubehörden, Meldebehörden und beim jeweiligen Finanzamt zu finden. Niemand kann in diesem Land etwas bauen, ohne dass er oder sie unzählige Anträge ausfüllen und auf Genehmigungen warten muss.

Aber für die vom Bundesverfassungsgericht geforderte Neuberechnung der Grundsteuer müsste das halt alles zentral erfasst und vorab digitalisiert werden. Klappt aber bisher nicht. Und deshalb hieß es ganz offiziell: »Bürgerinnen und Bürger: Macht ihr mal bitte! Und zwar bis zu diesen Fristen. Sonst wird Zwangsgeld fällig.« Wenn aber umgekehrt der Staat dem Bürger etwas überweisen will, stehen wir als Land offenbar vor unüberwindbaren Hürden. Als im vergangenen Jahr viele Bürger wegen der explodierenden Energiepreise und der hohen Inflation mit schnellen Hilfszahlungen vom Staat entlastet werden sollten, stellte man fest: Mist – das geht ja gar nicht.

Es gab (und gibt) schlichtweg nicht die Möglichkeit, dass der Finanzminister jedem Bürger etwas auf sein Konto überweist. Zwar haben unterschiedliche Behörden in unserem Land alle möglichen Daten von uns und einige auch die Kontonummer, aber das alles zusammenzuführen, ist bisher gescheitert. Obwohl schon die ehemalige große Koalition aus Union und SPD eine vereinfachte, zentrale Zahlungsmethode beschlossen und versprochen hat. Mal sind es Datenschutzgründe, mal heißt es, technische oder administrative Hürden seien noch zu meistern. Fakt ist aber: Deutschland kriegt es im Gegensatz zu Ländern wie Schweden nicht hin, die Daten seiner Bürger sicher und effektiv zusammenzuführen, damit Hilfszahlungen schnell und somit wirksam bei ihnen ankommen.

Der Staat fordert hingegen auch gern, ohne die richtigen Rahmenbedingungen zu setzen oder Fakten zur Kenntnis zu nehmen. Während ich dieses Buch schreibe, tobt im Land die Diskussion über das geplante »Heizungsgesetz«, wie ich es hier mal abgekürzt nenne. Wir sind, wie so viele, mit all den hier aufgeworfenen Fragen überfordert und finden keine Antworten. Was gilt genau wann, und was wird von wem in welcher Höhe gefördert? Wir wissen nicht, was bei uns im Altbau passt, ob eine Wärmepumpe möglich ist und wir wissen auch nicht, ob grüner Wasserstoff oder Fernwärme zur Verfügung stehen oder andere Alternativen. Wir wissen nicht, was wir wann energetisch sanieren müssen oder sollten, was auf uns zukommt und wo wir all die Energieberater und Handwerker finden sollen, die das alles berechnen, erklären und einbauen müssen. Wir kommen einfach nicht mehr mit. Also hocken wir zu Hause und warten verstört und überfordert, bis irgendwann Klarheit herrscht. Wie die meisten Leute, die eigentlich was tun müssten. Die alte Gasheizung muss also erst mal durchhalten.

Ich sage nicht, dass die energetische Sanierung des Gebäudesektors falsch ist. Sie ist sogar nötig. Und ich weiß auch, dass durch die Erhöhung der CO_2-Preise das herkömmliche Heizen für die Bürger immer teurer wird. Aber wie die Pläne für das neue Heizungsgesetz kommuniziert wurden, ist eine Katastrophe und ein Paradebeispiel dafür, wie die Politik Bürger überfährt und verwirrt. Man kann nicht erst ein Gesetz verabschieden und sich dann überlegen, ob es für die Bürger auch umsetzbar ist. Die meisten wollen ja mitmachen. Aber wir kommen auch hier einfach nicht mehr mit. Und statt zu informieren und zu helfen, droht der Staat mit Bußgeldern. Das konnte er schon immer gut.

Der Teufel ist ein digitales Eichhörnchen

Manchmal erwischt uns die Überforderung aber auch im Kleinen und in gänzlich unerwarteten Momenten. Kürzlich habe ich mich in einer Ferienwohnung gegen den Herd gelehnt. Es piepte, und dann ging nichts mehr. Ich hatte versehentlich die Kindersicherung aktiviert. Es gab aber keine Gebrauchsanweisung für den Herd in der Wohnung. Wir haben überall herumgedrückt, doch der Herd schwieg. Ich befürworte Kindersicherungen, nicht aber solche, die man auch als Erwachsener nicht mehr entsperren kann. Nach einer Stunde und ein paar Telefonanrufen hatten wir es dann. Man musste mit einer absurden Spreizbewegung einer Hand mehrere Knöpfe gleichzeitig drücken.

Und ich bin offenbar nicht der Einzige, der sich durch die schöne, neue Welt überfordert fühlt. Im Rahmen einer repräsentativen INSA-Umfrage im Auftrag der *Bild am Sonntag* gaben 59 Prozent der Befragten an, dass ihr Leben durch Technik und Digitalisierung komplizierter geworden sei, und 39 Prozent haben Angst vor einer zunehmenden Technisierung des Alltags.

Warum wird die Welt immer komplizierter, wo uns doch versprochen wurde, dass neue Techniken sie einfacher machen werden? Warum haben wir immer zu wenig Zeit, obwohl uns neue Geräte immer mehr Aufgaben abnehmen? Weil wir uns trotzdem um immer mehr kümmern müssen. Immer mehr selber machen, einscannen, einloggen, eintippen oder in den Hörer brüllen. Und immer müssen wir auf der Höhe der Zeit sein. Ich update, also bin ich! Und wer es nicht tut, ist raus.

Ich bin ein lebendes Betriebssystem. Aber ein veraltetes. Und so taumeln wir durchs Leben und versuchen, Anforderungen gerecht zu werden, die uns dieses Leben verstellen. Sie stehen buchstäblich im Weg. Und wir räumen sie weg, um am nächsten Morgen neu zu beginnen.

Warum treibt uns die moderne Technik in den Wahnsinn, statt uns zu entlasten? Warum erklären sich angeblich »selbsterklärende Systeme« nicht verständlich? Viele Menschen leiden unter dem ausufernden hektischen Sollen und Müssen. Wir sollen stets informiert und ständig bereit und erreichbar sein. Uns anpassen und mitmachen. Stand-by statt innerer Einkehr. Mein Handy will, dass ich meine Schritte zähle. Ich soll fair einkaufen, gesund essen, ausgewogen kochen, umweltgerecht reisen, die wichtigen Apps runterladen, QR-Codes einscannen, den richtigen Sport treiben, Vitamin-D-Mangel vorbeugen, nicht zu viel wiegen, an Auffrischimpfungen, die alten Eltern, Vorsorgeuntersuchungen, Check-ups und an meine Blut-, Zucker- und Cholesterin-Werte denken.

Auch der eigene Körper steht heute unter ständigem Optimierungsdruck und soll uns über Messergebnisse stets informieren, wie es um ihn steht. Und immer warnt der Schrittzähler unseres Smartphones, dass wir in dieser Woche unterdurchschnittlich viel gelatscht sind.

Der Info-Wahnsinn lappt auch ins Private

Auch das Privatleben wird zunehmend zum Info-Dschungel. Früher haben wir einfach Freunde zum Essen eingeladen. Heute müssen wir vorab Umfragen machen und unseren Infostand in Sachen Unverträglichkeiten überprüfen. Denn Ina ist Veganerin, Thomas verträgt keine Tomaten, Lucy hat Laktoseintoleranz, Margot kann nix mit Gluten essen, Reinhard kriegt Ausschlag bei Walnüssen und Michaela isst Fleisch, aber kein rotes.

Wenn wir selber eingeladen sind, fahren wir stundenlang durch die Hamburger Innenstadt, weil überall nur noch Anwohnerparken ist und wir keinen Platz für unser Auto finden. Wir hätten einen »Besucherparkausweis« gebraucht. Den haben wir dann bei einem weiteren Besuch vorab per Mail bekommen. Aber diese Mail hatte es in sich. Ich dokumentiere sie hier. Und ich schwöre – sie ist echt und nicht ausgedacht. Also, hier die Mail:

Moin Kessi,
Wie schön, dass wir uns endlich mal wieder treffen.

Damit Ihr Euer Auto am Mittwoch ruhigen Gewissens bei uns parken könnt, schicke ich Dir hier den Besucherparkausweis. Seit September ist unsere Straße nämlich auch eine nervige Parkzone, genauer gesagt die Parkzone E 310 (»Lutherothstraße«). Ihr parkt am besten direkt in der

Unnastraße. Wenn da nix frei ist, könnt Ihr Euch auf Parkplatzsuche nach links orientieren. Das ganz Gebiet bis zur Osterstraße gehört zur Zone E 310 (außer der Osterstraße selbst). Eine gute Chance auf einen Platz habt Ihr auch auf dem Parkstreifen an der Hauptstraße Schulweg (so heißt der Abschnitt vom Ring 2 zwischen Unna- und Osterstraße, also die Fortführung der Gärtnerstraße Richtung Süden). Aber nur auf unserer, also der rechten Straßenseite (nicht gegenüber, das ist schon Parkzone E 309, »Eppendorfer Weg«). Da der Schulweg auf unserer Seite nicht direkt an Häusern, sondern am Parkgelände liegt, ist die Chance recht groß, hier einen Platz zu finden.

Wie Ihr auf der kleinen Karte sehen könnt, liegt die Unnastraße am äußersten nördlichen Rand der Zone E 310 und unser Haus am äußersten rechten Rand an der Grünfläche direkt an der Ecke Unnastraße/Schulweg. Den Ausweis ausdrucken und für außen sichtbar aufs Armaturenbrett an der Frontscheibe platzieren (natürlich nur Seite 2 mit der Autonummer, Zone und Datum sowie QR-Code).

Das liest sich alles komplizierter, als es ist. Ist nur beim ersten Ansteuern im Dunkeln vielleicht etwas unübersichtlich. Bevor Ihr verzweifelt, einfach anrufen, dann komme ich runter und assistiere.

Bis dann

Euer Peter

Ich dachte beim Lesen erst, Peter will uns verarschen. Aber nein, diese Mail war völlig ernst gemeint. Für mich ist sie ein kleiner Ausschnitt des alltäglichen Wahnsinns um uns herum.

Ist ja alles gut gemeint; die Anwohner brauchen ja ihre Parkplätze. Aber dieser Irrsinn hat Methode. Wussten Sie, dass die Angestellten eines großen Krankenhauses in Hamburg wegen des Anwohnerparkens nicht mehr in der Nähe ihrer Arbeitsstelle parken können, weil sie zwar in der betreffenden Gegend arbeiten, aber eben nicht wohnen? Das Krankenhaus, so hörte ich, hat die Stadt deshalb verklagt.

Und nachdem wir dann endlich nach dem komplizierten Parken in der hoffentlich richtigen Zone bei unseren Freunden angekommen sind und essen, fragt mich einer, während er sein Glas »aviniert«, also schwenkt, was ich von der aktuellen Gerechtigkeitsdebatte in der Kunstszene und vom Bouquet des Cuvées halte. Soll man immer restituieren? Und hat der Wein nicht eventuell einen »Böckser«? Auch dazu soll ich mich nun verhalten. Und eine Meinung absondern. Dabei will ich doch nur noch eines: einfach meine Ruhe haben. Durchatmen. Oder wie Loriot es in seinem großartigen Sketch in einem Satz zusammengefasst hat: »Ich möchte einfach hier sitzen.«

Aber man lässt uns nicht. Wir lassen uns nicht. Auch nicht in unserer Freizeit. Denn da liegt es, das Smartphone, und raunt: »Schau mich an. Es gibt News. Du könntest was verpassen.« Die neue Staffel der Serie wartet auch schon. Und – zack – schwimmen wir wieder mittendrin im endlosen, tiefen Meer der Informationen.

Ich will das nicht mehr – diese Reizüberflutung und Informationsverstopfung. Ich will nicht alles können und wissen müssen. Ich will nicht mehr krampfhaft versuchen, irgendwie überall, aber im Ergebnis dann nirgendwo richtig dabei zu sein.

7.

So bewältigen wir die Entscheidungsmelancholie

Der Neurowissenschaftler und Psychiater Dr. Volker Busch weiß, was das alles mit uns macht: »Der Dauerkonsum von digital vermittelten Informationen verstopft uns geistig zunehmend«, schreibt er in seinem Buch *Kopf frei*. Die Menschheit sei im Grunde erst in der digitalen Pubertät, und die Digitalisierung als tiefgreifende gesellschaftliche Veränderung sei so schnell gegangen, dass wir noch gar nicht gelernt hätten, richtig mit ihr umzugehen. »Das sind bisher nicht mal 30 Jahre«, so Busch. Die Anpassungszeit sei viel geringer als etwa bei der Industrialisierung. »Streng genommen reden wir über 20 Jahre, in denen das Internet und die sozialen Medien zum Massenphänomen wurden.«

Diese ungeheure Umwälzung in so kurzer Zeit erinnert tatsächlich an die Pubertät, in der ja auch ganz plötzlich die Hormone und die Gefühle verrücktspielen und den jungen Menschen im Zeitraffer verändern. Und wie die Jugendlichen lernen müssen, mit all den neuen Gefühlen und Veränderungen umzugehen, so muss der moderne Mensch die Digitalisierung erst verarbeiten. »Was nach der Pubertät schließlich zur Affektkontrolle wird«, sagt Busch, »muss auf der digitalen Makroebene langfristig zur Informationskontrolle werden. Es geht um den richtigen Umgang mit dem immer noch *Neuen.*«

Die hohe Informationsdichte behindere die »tiefgeistige Verarbeitung« von Inhalten und führe schließlich zu einer Verminderung der Speicherfähigkeit unseres Gehirns. Unser Gedächtnis verschlechtert sich, nur noch wenig bleibt hängen. Mit anderen Worten: Je mehr Infos wir in uns reinstopfen, desto weniger kapieren und behalten wir schlussendlich.

Paradoxerweise führt die ständige Verfügbarkeit von Informationen und Speichermedien also dazu, dass wir uns immer weniger merken. Wir lagern unser Wissen in Maschinen aus und huschen nur noch hektisch über Headlines und Vorspänne. Telefonnummern und Adressen sind gespeichert. Das Navi nimmt uns das Orientieren ab – wenn wir es denn richtig bedienen und verstehen. Und statt etwas durchzulesen, speichern wir nur den Link »für später«. Hier mal ein kleiner Test: Wie lautet die Handynummer Ihres Partners oder Ihrer Partnerin?

Unser Hirn passt sich an den Bequemlichkeitsmodus an und entwickelt sogar die Fähigkeit, das Auswendiglernen zu verlernen.

In der täglichen digitalen Hektik gehen uns allen, so

der Psychiater Busch, »geistige Auszeiten« verloren, Momente, in denen wir von der Welt entkoppelt sind. Denn die brauchen wir. Auch um wirklich zu lernen und über bestimmte Dinge in Ruhe nachdenken zu können. Momente, in denen wir in uns hineinspüren, um das Erlebte zu verdauen. Nur wer Pausen macht, kann also lernen und der geistigen Verstopfung vorbeugen.

Die Überfrachtung mit Informationen ist auch deswegen problematisch, weil sie uns ständig zwingt auszuwählen. Wir müssen uns immerzu für etwas entscheiden und anderes weglassen – und das stört uns. Wir wollen eigentlich allem gerecht werden. »Aber irgendwann«, formuliert Busch sehr treffend, »kippen zu viele Auswahlmöglichkeiten in eine Art Entscheidungsmelancholie. Die lässt uns dann unbefriedigt zurück. Wir kennen das alle: die dicke Tageszeitung, die schier endlose News-Seite im Netz – immer hat man das Gefühl: Ich schaff das alles nicht.« Und dann wird man ungeduldig, hektisch und fahrig. Ich kenne das von mir selbst: das ungeduldige Lesen. Nur Überschriften und Vorspänne konsumieren, statt den ganzen Artikel zu lesen. Oder nur den Schluss, in der Hoffnung, eine gute Zusammenfassung zu finden. Oder ich reiße mir etwas aus der Zeitung heraus. »Für später«, wenn ich mal mehr Ruhe habe. Aber die habe ich nie. Und der Stapel wird größer. Und irgendwann wandert alles ungelesen ins Altpapier. Als vergilbter Stapel guter Vorsätze.

Bewusst auswählen statt reindrücken lassen

Für Volker Busch ist die Lösung der digitalen Überforderung eine gesunde »Aufmerksamkeitssteuerung«. Niemand kann oder soll der digitalen Welt völlig entsagen. Das wäre naiv. Aber wir können uns anders zu dieser Welt stellen. Es klingt banal, aber im Grunde geht es zunächst um bewusste Auszeiten und darum, dem Drang, ständig digital »dabei zu sein«, zu widerstehen. Busch rät zu täglichen fünfzehn bis dreißig Minuten, in denen man innehalten und einfach ganz dort sein sollte, wo man gerade ist. Und dann nur zu beobachten und in die Situation einzutauchen. Die Schärfung der Wahrnehmung entspanne und sei zudem »effektives Hirn-Doping«.

Manche gehen noch weiter. Rolf Dobelli erzählte mir, er habe seit über zehn Jahren keine Tageszeitung mehr abonniert, keine »Tagesschau« mehr gesehen, keine Nachrichten mehr im Radio gehört und sich nicht von Online-News berieseln lassen. Und nach einer kurzen Entwöhnungsphase vermisse er auch nichts. »Im Gegenteil«, sagt er. »Ich bin weniger nervös, ich denke klarer und habe jetzt mehr Zeit, mich mit wirklich interessanten Themen tiefergehend zu beschäftigen.«

Wenn wir uns also mehr Zeit lassen bei der Verarbeitung von Informationen, uns fokussieren und immer wieder Pausen machen, um über das Gelesene, Gehörte oder Gesehene nachzudenken oder es zu wiederholen, wird der Inhalt eben auch eher im Gedächtnis bleiben. Volker Busch nennt das »stille Stunden«. Die bewusste Zuwendung, das Eintauchen und das Nachdenken und Hinterfragen des Gelesenen oder Gesehenen, erhöhe, so der Neurowissenschaftler, die geistige Verarbeitungstiefe.

Mit anderen Worten: Wenn unser Gehirn nicht unaufhörlich mit Neuem bombardiert wird, sondern mal für sich ist und Informationen in Ruhe verdaut, dann passiert eine Menge bei uns im Kopf. Denn auf diese Weise speichern wir Informationen, verknüpfen sie und ordnen sie ein. So entstehen Lösungen für Probleme und kreative Ideen.

Natürlich will ich hier die Errungenschaften des Internets nicht kleinreden oder es verteufeln. Millionen Menschen verschafft es Zugang zu Informationen, es bietet berufliche Perspektiven, ermöglicht das Arbeiten auf dem Land und von zu Hause. Und wenn ich wissen will, wann der Zug fährt, wie man Bolognese-Soße zubereitet oder eine Tapete fachgerecht anbringt, dann kann ich mir das alles schnell im Netz besorgen. Heimwerker-Videos auf YouTube sind eine echte Hilfe. In diesem Fall nutzen wir, so Volker Busch, das Netz als »Pull-Technologie«. Wir ziehen uns gezielt Nützliches heraus. Etwas anderes ist es, wenn wir es als »Push-Technologie« nutzen. Wenn man sich also Informationen wahllos reindrücken lässt, endlos surft oder am Handy sitzt. Dies sei, so Busch, »Info-Fast-Food und keine gesunde geistige Ernährung«.

Es gibt also auf den digitalen Steigerungswahnsinn im Grunde zwei Antworten: Weniger ist mehr. Und: In der Ruhe liegt die Kraft. Binsenweisheiten? Ja, vielleicht. Aber manchmal ist das Naheliegendste eben auch das Sinnvollste.

Wir müssen uns fokussieren. Was und wie viel tut mir gut? Was will ich an mich ranlassen? Nicht alles lesen oder anschauen, sondern auswählen. »Ich rate vor allem jungen Menschen: nicht jedem äußeren Reiz sofort nachzugeben«, empfiehlt auch der Philosoph Richard David Precht. Man solle »lernen, sich lange auf eine einzige Sache zu konzentrieren, seine Sprache zu pflegen und Bedürfnisaufschub zu ertragen«.

Aber wie mache ich das?

Man kann auch vor der Haustür eine neue Welt entdecken. So wie die Autorin Meike Winnemuth. Sie ist neugierig durch die ganze Welt gereist und schließlich – wie sie sagt – »angekommen an einem Ort, an dem ich noch nie war: zu Hause«. Und dieses Zuhause war ihr eigener Garten. Den hatte sie sich samt Wochenendhäuschen gekauft. Ein wildes Stück Land am Waldrand. Keine dreihundert Meter von der Ostsee entfernt. Und dieses Stück

Land sollte Meike Winnemuths Leben verändern. Denn sie begann zu gärtnern, als totale Amateurin, aber mit Begeisterung. »Ich grabe Pflanzlöcher und verwurzele mich, ich schaufele Erde und finde festen Boden unter den Füßen«, schreibt sie in ihrem Buch *Bin im Garten*.

Meike Winnemuth hat beim Buddeln, Pflanzen und Ernten zu sich gefunden. Im Garten, sagt sie, »lernt man das, was die Psychologen Selbstwirksamkeit nennen. Das Gefühl, sein Leben selbst in der Hand zu haben. Die Zuversicht, dass man die Dinge aus eigener Kraft bewältigt: Yes, I can.«

Meike Winnemuth drückt hier aus, was immer mehr Menschen ersehnen: mit der Welt im Gleichklang sein. Mit anderen und anderem im selben Takt schwingen. Wodurch dieses Gefühl ausgelöst wird, ist fast egal. Ob Musik, Begegnungen, gute Gespräche, ein Hobby, Sport, Kochen oder eindringliche Naturerlebnisse – wichtig ist, dass man berührt und sich berühren lässt. Der Soziologe Hartmut Rosa nennt das in seinem Buch *Resonanz* ein »anschmiegsames Weltverhältnis«. Er beschreibt das am Beispiel einer zufriedenen Frau: »Sie hat das Gefühl, ihre Familie, ihre Arbeitskollegen, ihre Volleyballfreunde zu erreichen und in den jeweiligen Sphären etwas erreichen oder bewegen zu können. Dadurch erfährt sie sich auch selbst als beweglich, als berührbar.«

Es geht also um Kontakt, Verbundenheit, um Offenheit, um wechselseitiges Senden und Empfangen. Auch im übertragenen Sinne. Natürlich kann uns ein Musikstück nicht im tatsächlichen Sinn anfassen, aber wir beschreiben unbewusst Resonanz, wenn wir sagen: »Das Lied berührt mich« oder »Dieses Bild spricht mich an«. Meist geschieht das jedoch im Zustand eines unbewussten Zulassens. Man kann nicht beschließen, dass einen sein Garten erfüllt. Man kann nicht wollen, dass einen ein Bild berührt. Man kann sich auch nicht vornehmen, sich zu verlieben. Es geschieht. Resonanz ist, wenn die Welt antwortet, obwohl man gar nicht bemerkt hat, dass man gefragt hat.

Vom eben erwähnten Hartmut Rosa und seinem Werk hat mir vor etwa fünf Jahren mal ein evangelischer Theologe bei einer privaten Feier erzählt. Wir hatten über Philosophie gesprochen und uns gefragt, warum der moderne Mensch so unzufrieden und gestresst ist, obwohl wir es doch hier im Westen besser hätten als der größte Teil der Menschheit. »Ach«, sagte er, »wer das sehr gut auf den Punkt bringt, ist dieser Hartmut Rosa mit seinem Resonanz-Konzept.« Er brachte ein paar Beispiele und ich merkte, dass ich förmlich elektrisiert war. Worte wie »Angst vor dem Weltverstummen«, »innerliches Versteinern«, »Funktionieren, statt zu leben« – sie beschrieben sehr treffend, was ich selber fühlte.

Ich besorgte mir sofort Rosas Buch *Unverfügbarkeit, eine kurze Zusammenfassung seines epochalen Wälzers Resonanz,* an den ich mich erst viel später wagte.

Schon der Untertitel des Buches packte mich: »Unablässig versucht der moderne Mensch, die Welt in Reichweite zu bringen: Dabei droht sie uns jedoch stumm und fremd zu werden: Lebendigkeit entsteht nur aus der Akzeptanz des Unverfügbaren.«

Ich las das Werk, nein, ich verschlang es, und wenn man mich fragt, welches Buch mich in den letzten zehn Jahren am meisten begeistert und sogar verwandelt hat, dann nenne ich dieses.

Wenig später interviewte ich Hartmut Rosa für einen Artikel im *Stern*. Es war beeindruckend: Ich sprach mit einem sehr schlauen, abgeklärten Intellektuellen, der es schaffte, all das, was als amorphe Massen aus Gefühlen, Ahnungen und halb fertigen Erkenntnissen in mir waberte, in klare, treffende Worte zu fassen. Und es ging nicht nur mir so. Mein Sohn Hannes bat um die Aufnahme des Interviews und hörte sie immer wieder mit Freunden. Ich bekam zahllose Leserbriefe, und auch andere Zeitschriften druckten das Gespräch nach. Später sprachen Markus Lanz und Richard David Precht in ihrem gemeinsamen Podcast über Rosa und sein Buch »*Unverfügbarkeit*«, nachdem wir drei uns bei einem Treffen über den Soziologen ausgetauscht hatten und ich sie offenbar mit meiner Begeisterung angesteckt hatte.

Aber was ist nun das Besondere an Rosa und seiner Weltsicht? Am besten, ich lasse ihn selber sprechen und zitiere aus unserem Gespräch.

Ich fragte ihn, wie es aus seiner Sicht um die seelische Verfassung des modernen westlichen Menschen bestellt sei und was ihn als Soziologe beunruhige. Rosa antwortete:

»Dass in unserer Gesellschaft offenbar fundamental etwas schiefgeht. Es geht darum, wie Menschen sich zum Leben stellen. Meine Diagnose ist, dass die Welt für uns zunehmend zu einem Aggressionspunkt geworden ist. Die Wut nimmt zu, sie richtet sich gegen andere, aber irgendwie auch gegen das Leben selbst, das uns scheinbar nicht mehr gibt, was wir uns von ihm versprochen haben. Wut als Reaktion ist die eine Seite, psychische Krankheiten wie Burnout und Depressionen die andere.«

Rosa prägte für dieses Gefühl, dass unser Weltverhältnis nicht mehr stimmt, den etwas sperrigen, aber schönen Begriff »Alltagsbewältigungs-Verzweiflungsmodus«. Von morgens bis abends begegne uns die Welt als Aggressionsfläche, in der wir ständig Dinge bewältigen und bearbeiten müssten. Dies besorgen, das erledigen, den anrufen, das wegschaffen. Das Leben als einzige, ausufernde To-do-Liste. Und das Perfide sei, dass wir den Optimierungswahn verinnerlicht hätten. Diese gefühlten To-do-Listen würden in uns immer mehr anschwellen. Und die Zahl der Dinge, die wir glaubten tun zu müssen, werde so groß, dass wir sie gar nicht mehr bewältigen könnten, egal wie sehr uns der technische Fortschritt scheinbar Zeit verschaffe. »Und das«, so

Rosa, »zwingt uns in eine Welthaltung, die ich als Aggressionsverhältnis bezeichne. Ich bin immer unzufrieden und frustriert.«

Wir kamen dann natürlich schnell zu der entscheidenden Frage, wie wir diesem Problem begegnen, was wir gegen diese Frustration tun können. Mir war der Befund im Grunde klar: Aber das »Weniger-ist-Mehr«, das man so oft hört, erschien mir dann doch als zu simple Antwort. Denn: Was soll ich weglassen? Was ist wirklich wichtig? Wie entgehe ich dem Selbstbetrug?

»Wir möchten alle von etwas berührt und bewegt, ja, nennen wir es ruhig ergriffen werden«, antwortete Rosa. Es ginge vor allem darum, dass wir auch wirklich innerlich auf das antworten, was uns anruft. Dass wir mitschwingen, uns einlassen. Das hätten viele verlernt. Wir müssten die Dinge in uns wirken lassen und uns dann von ihnen im besten Fall verwandeln lassen. Nur dann fühle man sich lebendig, wenn man sich berühren und verwandeln ließe.

Besonders treffend fand ich in diesem Zusammenhang seine Worte über das Reisen: »Viele von uns machen ja die Erfahrung, dass wir meist dieselben bleiben, egal, wie viel Welt wir in Reichweite bringen. Nehmen Sie das Reisen: Immer schneller wechseln die Oberflächen. Wir reisen hier und dort hin. Man sucht Exotik in der Fremde und bleibt doch immer derselbe, weil man sich fast nie berühren und verwandeln lässt. Manche schließen das sogar systematisch aus.« Das beste Bespiel hierfür seien Kreuzfahrten. »Man bleibt da, von kleinen Trips abgesehen, eigentlich immer auf dem Schiff, weil man mit dem Anderen nicht wirklich in Kontakt treten möchte«, sagt Rosa. »Man will es sehen, streifen, sich aber nicht wirklich berührbar machen. Denn das bedeutet, sich auch verwundbar zu machen. Jedes Risiko soll ausgeschlossen werden. Wir nehmen unser sicheres Zuhause mit in die Welt. Aber so entsteht kein Gefühl von Lebendigkeit.«

Ich fand das sehr treffend beschrieben, wiederholte aber meine Frage, wie wir diese Lebendigkeit denn nun erlangen können. Um diese Lebendigkeit zu erzeugen und zu spüren, antwortete Rosa, müssten wir uns von einem zentralen Trugschluss verabschieden. Nämlich dem, dass wir diese Resonanzerlebnisse erzwingen könnten. Wir versuchen das alle, indem wir, so Rosa, unser Resonanzbegehren in ein Objektbegehren verwandeln. »Wir kaufen Kleidung, schöne Autos, buchen eine Safari, zahlen ein teures Konzertticket. Wir denken: Ich habe bezahlt, jetzt muss es toll werden. Und sind dann oft enttäuscht. Man kann das Berührt-Werden nicht erzwingen, nur erhoffen. Wirkliche Resonanz ist unverfügbar.«

Der Zauber der Unverfügbarkeit

Diese Unverfügbarkeit ist für Rosa der zentrale Begriff. Und er ist es seit diesem Gespräch auch für mich geworden.

Wir müssten, so Rosa, als Menschen akzeptieren, dass wir nie wissen können, wann und wo die ersehnte Resonanz eintritt. Wirkliche Resonanzerlebnisse seien grundsätzlich ergebnisoffen. Die Liebe sei dafür das beste Beispiel. Sie ist nicht planbar. »Und wenn sie dann da ist«, so Rosa, »erfahren wir in einer Liebesbeziehung am deutlichsten, dass wir den anderen nicht vollständig verfügbar machen können und dürfen. Das muss ein dynamisches Wechselverhältnis bleiben. Liebe kann nur erfahren werden, wenn der andere unverfügbar, aber erreichbar ist. Die totale Kontrolle über den anderen wäre die pure Langeweile, dann hätten wir eine Art Liebesroboter. Wir können Liebe nicht planen, sie nicht erzwingen und sie auch nicht einseitig halten. Wir müssen uns auf sie einlassen. Mit allen Risiken.«

Aber genau diese Ergebnisoffenheit, das Unverfügbare, ist für viele Menschen offenbar eine Zumutung. Ich kenne das von mir selbst. Die Angst, was kommt, wenn man nicht weiß, was kommt, ist immer gegenwärtig. Aber wenn wir das mögliche Scheitern nicht zulassen, können wir auch keine wirkliche Resonanz erfahren.

»Wer nur Dinge tut, von denen er weiß, dass sie klappen, verhindert ja gerade das Unverfügbare«, betont Rosa.

Ich fand alles, was der Soziologe in seinen klaren, präzisen Formulierungen ausführte, faszinierend und so treffend. Aber können wir, so fragte ich mich – und dann auch Hartmut Rosa –, wirklich immer ergebnisoffen durch die Welt schlendern? Wir haben doch alle Pflichten, sind gefangen in unserem Alltag und in institutionellen Zwängen. Auch darauf hatte Rosa eine überzeugende Antwort: »Natürlich können wir nicht aufhören zu arbeiten und müssen weiterhin Dinge erledigen«, räumte er ein. »Die Art und Weise, wie wir der Welt begegnen, ist zu großen Teilen institutionell vorbestimmt. Am Arbeitsplatz, im Supermarkt, beim Sport – überall begegnen wir der Welt in diesem ständigen Steigerungsmodus.«

Aber eigentlich, so Rosa, würden wir den ganzen Tag über kleine Resonanzappelle hören. »Wir antworten nur nicht.« Man könne sich trotz der Alltagsbewältigung öffnen, neugierig sein, ausgetretene Pfade verlassen, Dinge auch mal geschehen und sich treiben lassen. Eben »aufhören«. Es seien die kleinen Momente und Begegnungen, die den Unterschied machen. Mit dem Kollegen reden, statt eine Mail zu schreiben, beim Konzert das Handy in der Tasche lassen, den Partner, die Kinder, die Freunde wirklich wahrnehmen, dem Obdachlosen auf der Straße einen Blick schenken und vielleicht auch einen Euro. »Schon habe ich einen kleinen Resonanzmoment«, sagt

Rosa. Es gebe viele kleine Spielräume, die wir nutzen können, um nicht nur zu funktionieren.

Was aber folgt nun aus alldem? Schaffen wir Menschen den Umstieg? Lassen wir mehr Resonanz und Unverfügbarkeit zu? Es stimmt ja: Wir alle wollen uns verstanden und aufgehoben fühlen, wir wollen angenommen werden und uns bewegen, uns aber auch durch das Fremde inspirieren lassen. Nicht nur von Menschen, auch von Erlebnissen oder der Natur. Rosa ist sich sicher: »Das Umdenken oder besser Umfühlen hat begonnen. ›Zurück zur Natur‹ ist ja nicht nur ein Slogan. Dahinter steckt ein tiefes Bedürfnis vieler Menschen, wieder mit dem Umgreifenden, dem Urgrund der Existenz, verbunden zu sein.«

8.

Zurück zur Natur!

Sehr viele Menschen suchen und finden dieses Gefühl tatsächlich in der Natur. Im Kontakt mit dem Lebendigen, Ursprünglichen. So wie Meike Winnemuth, die »es wachsen ließ«, wie sie sagt.

Oft entzaubern wir allerdings diese einzigartigen Momente selbst. Und zwar, indem wir angesichts von etwas Wunderbarem sofort ein digitales Medium zwischen uns und das Bestaunte schieben: die Kamera unseres Smartphones. Wir genießen den Moment nicht in seinem unmittelbaren Zauber, sondern wollen ihn sofort festhalten, konservieren. Für später. Oder für andere, indem wir diesen Moment als gerade produzierte Konserve sofort mit ihnen teilen und ihn posten. »Schaut mal, wo ich gerade bin!« Aber so entweihen wir die Momente. Wir sind nicht im Hier und Jetzt, sondern bearbeiten und kuratieren es. Jeder kennt das von Livekonzerten, wenn die Künstler und das Publikum durch eine Wand filmender und fotografierender Smartphones getrennt werden. Statt einfach nur zu sehen und zu hören, benehmen wir uns wie Kameramänner und -frauen bei der Arbeit. Ich nehme mich da gar nicht aus, zwinge mich aber in letzter Zeit häufiger, auf den Griff zum Smartphone zu verzichten. Denn dann – und nur dann – kann man die ersehnte Resonanz wirklich empfinden.

Ich erinnere mich an einen solchen besonderen Natur-Resonanz-Moment in einem Urlaub: Seit meiner Kindheit bin ich von Amphibien fasziniert. Und immer, wenn ich mit meiner Frau in den Bergen wandern war, hoffte ich, endlich mal einen Feuersalamander zu sehen. Es hat nie geklappt. Bis zum letzten Jahr, als ich überhaupt nicht damit gerechnet hatte. Wir machten im Oktober in Bayern eine kleine Tour durch ein Waldgebiet ganz in der Nähe unseres Hotels, weil es regnete und kälter wurde. Aber diese Wetterlage war wohl die perfekte, um mir meinen lang gehegten Wunsch zu erfüllen. Denn plötzlich sah ich vor mir etwas Gelb-Schwarzes über den Weg huschen. Ein Feuersalamander! Einfach so. Und wenig später noch einer. Und noch weitere. Insgesamt fünf Exemplare konnten wir bestaunen. Vielleicht denken Sie jetzt: Na ja, ein Lurch. Aber für mich war es ein Glücksgefühl. Ein ganz kleines Video habe ich bei der letzten Sichtung dann doch gemacht. Nobody is perfect!

Beeindruckend war auch ein Erlebnis auf einer Dienstreise. Sie führte mich auf die Lofoten, und wir waren mit einem kleinen Schiff unterwegs auf einer Tour, um Adler zu beobachten. Der Kapitän stellte den Motor aus. Wir dümpelten an einem Ufer herum und hielten nach den dort ansässigen Adlern Ausschau. Die See war spiegelglatt, es war ein warmer Sommernachmittag. Fast 20 Grad, ungewöhnlich für diese Inselgruppe so weit im Norden. Und dann sah ich sie im Wasser, direkt neben unserem Schiff. Vier Orcas! Sie umschwammen uns, tauchten ab und wieder auf und waren mindestens so neugierig auf uns wie wir auf sie. Es war ein ganz besonderer Gänsehautmoment, den ich nie vergessen werde.

Ebenso wie den Anblick eines Bibers, der eines Abends vorbeischwamm, als meine Frau und ich auf der Terrasse einer gemieteten Hütte an einem einsamen See saßen und Spaghetti aßen. Wir waren hin und weg. Wir nannten den Biber Justin. Diese Hütte inmitten der Wildnis wurde zu unserem absoluten Sehnsuchtsort. Wir sahen außer Bibern noch Eisvögel, Kraniche und seltene Greifvögel. Und fühlten uns, wie Hartmut Rosa es so schön beschreibt, »mit dem Umgreifenden, dem Urgrund der Existenz« verbunden.

Entschleunigen am Gartenteich

Dafür muss man gar nicht immer in die Ferne schweifen. Ich kann mich auch zu Hause über meinen Gartenteich freuen und großartige Momente erleben. Wenn ich da in der warmen Jahreszeit ganz still sitze, spüre ich eine innige Verbindung zu meiner Umgebung, wie sonst selten. Leise plätschert der kleine Wasserfall. Libellen schwirren im Morgenlicht ums Schilf. Ein Molchmännchen schwebt im Wasser und guckt, wie nur Molche gucken können. Irgendwie finster entschlossen. Und auf dem großen Blatt einer Teichrose sitzt ein Grünfrosch und sonnt sich. Hier zu sitzen und das alles zu beobachten, ist für mich die pure Idylle. Manchmal schließe ich auch die Augen und höre nur den Geräuschen zu – dem Wasserfall, dem Summen der Insekten, dem Quaken der Kröten und Frösche. Der Teich ist meine Ruhe-Oase. Hier komm ich runter. Hier bin ich ganz Frosch. Ja, dieser Satz ist mehr als ein Gag. Denn wie der Frosch auf dem Blatt verschmelze ich in den besten Momenten hier mit meiner Umgebung und bin einfach nur da. Ganz im Hier und Jetzt.

Meistens jedenfalls. Denn vom Weg neben unserem Haus hat man freie Sicht auf unseren Teich. Und es kommt vor, dass Spaziergänger den Herrn Schlenz da mit geschlossenen Augen sitzen sehen. Empfindsame Menschen gehen dann leise weiter. Andere, wie der gefürchtete Herr I., brüllen dann »Watt 'ne Idylle!« oder »Mensch, das sieht ja gemütlich aus!«. Ich kann dann innerlich vom entspannten »Om« sofort zu Gewaltfantasien umschalten und sehe, wie ich Herrn I. eine fette Unke ins vorlaute Maul stopfe. Verzeihung. Ich vergaß mich …

Meistens aber sitze ich an meinem Teich allein und habe meine Ruhe. Gern morgens und in den Abendstunden, wenn das Licht am schönsten ist und die Bewohner unseres Biotops am aktivsten sind. Sie zu beobachten, ist die pure Entschleunigung. Denn meistens haben sie es nicht eilig. Höhepunkt der meditativen Versenkung ist die Metamorphose von Libellenlarven. Lange schwimmen sie als lautlose Killer im Teich und jagen Kaulquappen und kleine Insekten. Aber irgendwann kriechen die braunen Larven an Halmen und Pflanzen aus dem Wasser empor und warten darauf, dass die Sonne sie trocknet. Und schließlich, nach etlichen Minuten, bricht ihr Körper ganz langsam auf, und nach und nach bahnt sich ihr neues Ich – die Libelle – ihren Weg aus der nun leblosen Hülle. Dann sitzt sie noch eine Zeit lang auf der Kletterhilfe in der Sonne und fliegt irgendwann los. Als ob sie noch nie irgendwas anderes gemacht hätte. Ein großer Moment, den ich schon ein paarmal erleben durfte. Ein Moment, in dem ich alles um mich herum vergesse.

Frösche retten und Resonanz erleben

Meine Frau flippt vor Freude aus, wenn ihre Kapuzinerkresse im November noch blüht. Wir sind einfach gern draußen. Auch früher, als wir noch in der Hamburger Innenstadt in einer kleinen Wohnung gelebt haben. Da sind wir, so oft wir konnten, raus an die Elbe, in Parks oder zum großartigen Olsdorfer Friedhof gefahren, der größte Parkfriedhof der Welt und ein wichtiges innerstädtisches Refugium für selten gewordene Tierarten wie Igel, Fledermaus und Uhu. Hier brüten im Frühjahr Gänse, es gibt Wasserschildkröten und Graureiher. **Und es gab uns beide, die wir all das gern beobachteten.**

Und nicht nur das. Einmal wurde ich vom staunenden, aber passiven Beobachter sogar zum Aktivisten. Was eine ganz neue Qualität des In-der-Natur-Seins war. Und das kam so:

Unser Dorf ist eine kleine, feine Gemeinde in Schleswig-Holstein, nicht weit von Hamburg. Es wohnen eine Menge sehr reicher Leute dort, aber auch ganz normale. Das Schmuckstück des Dorfes ist ein wunderschöner See, der den Bewohnern seit 1951 als Badeanstalt dient. Rund ein Drittel des Sees ist durch ein schwimmendes Seil abgetrennt. In diesem Teil baden die Mitglieder eines feinen, exklusiven Clubs. Die Plebs planschen im restlichen See. Aber geschossen wird zum Glück bei Grenzübertritt nicht. Es kommt also durchaus vor, dass wechselseitig Menschen unbehelligt im jeweils anderen Teil schwimmen. Es soll sogar Mischehen geben.

Wie auch immer – wir waren ja bei den Amphibien. Die sind überall im Teich und scheren sich ohnehin nicht um Schwimmseile mit kleinen Signalbojen. Doch die Lurche waren in Gefahr, denn der See wurde gerade mittels eines komplizierten Absaug- und Reinigungsvorganges entschlammt. Dadurch würde sich der PH-Wert des

Gewässers aber so verändern, dass der Laich aller Amphibien absterben würde. Eine ganze Generation Kröten, Frösche und Molche würde nie geboren werden. Hier musste also gehandelt werden. Im Gemeindeblatt wurden die Bürger aufgerufen, sich freiwillig zu melden. Die Aufgabe: Alle Amphibien, die aus den umliegenden Waldgebieten den Weg in den See suchten, zu fangen und kurz zu kasernieren, um sie dann Mitarbeitern der Badeanstalt zur Übersiedlung zu übergeben. Die neue Heimat der Vertriebenen war nicht weit weg: Auf dem Gelände eines ehemaligen Truppenübungsplatzes, der heute ein Naherholungsgebiet ist, waren bereits »Ausgleichsteiche« gebuddelt und bewässert worden. Dort sollten die Tiere sich in Ruhe paaren und ihre Jungen aufziehen.

Freiwillige wurden nun also für die Umsiedlung dorthin gesucht. Ich meldete mich. Man kann nicht immer nur reden, man muss auch mal selber ran. An einem Samstagmorgen wurden wir zur Einweisung einbestellt. Rund zwanzig Leute standen da und warteten, dass es losgeht. Erst einmal wurde erklärt, wie man die Tiere anfasst (»Nicht an den Beinen hochzerren«). Dann ging es an den See, und wir sahen nun, wie man die Frösche, Kröten und Schwanzlurche fangen wollte: Ein über tausend Meter langer Zaun am Boden blockierte ihren Weg in den Teich. Die Tiere, so der Plan, würden am Zaun entlangkriechen und in Eimer fallen, die in regelmäßigen Abständen in den Boden eingegraben worden waren.

Unsere Aufgabe sei es nun, so hörten wir, morgens und abends diese Eimer zu leeren. Die beiden Schwimmmeister der Badeanstalt würden die Amphibien dann in die Ausgleichsteiche bringen, wo andere Zäune sie an der Flucht in die alte Heimat hindern würden.

In Zweier-Teams sollten wir nach einem festgelegten Dienstplan bei Beginn der Kröten- und Froschwanderung fortan bis Ende April ausschwärmen. Sieben Tage die Woche. Einer – so der Plan – sollte leuchten, der andere die Zielobjekte aus den Eimern holen und sie vorsichtig in andere Eimer schütten. Der Leuchtende sollte dann Anzahl, Art und Geschlecht der Gefangenen in eine Liste eintragen. Diese Aufgabe führte jedoch zu Irritationen. Wer jemals versucht hat, das Geschlecht einer Erdkröte im Licht einer Stirnlampe zu bestimmen, weiß, wovon ich rede. Gesättigt mit Informationen gingen alle nach Hause. Wir wussten nun: Sobald es etwa neun Grad warm und dazu noch regnerisch werden würde, war es Zeit für unseren Ersteinsatz.

Anfang März kam dann der Anruf. Die Operation Umsiedlung lief an. Mein erstes Mal als Froschretter in der Dämmerung. Ich war begeistert. Es quakte. Es raschelte. Ich sah in den ersten Eimer und hielt kurz darauf einen männlichen Teichmolch in meiner Hand. Er hatte einen wunderschönen, farbigen Kamm. »Germany's next Top-Molch«, flötete ich, und meine Kollegin machte ein Kreuz bei den Weibchen. Egal, dachte ich. Hauptsache gesund.

Ich rettete Frösche und Molche bis Ende April. Und ich versichere Ihnen: Ich war mit Feuereifer dabei. Es machte mich glücklich: draußen zu sein und mich für eine Minderheit im Tierreich einzusetzen, die gern übersehen wird.

Die Welt macht uns ein Angebot

Meine Frau und ich sind beileibe nicht die Einzigen, die in der Natur Erfüllung finden. 2019 ergab eine Studie des Bundesumweltministeriums, dass es die Mehrheit der Befragten glücklich macht, in der Natur zu sein. Und je unberührter die Natur ist, desto besser fühlen sich die Menschen. Für 89 Prozent fördert die biologische Vielfalt in der Natur ihr eigenes Wohlbefinden und ihre Lebensqualität.

Die Leute lesen Bücher wie *Guck mal, was da wächst* oder nutzen Pflanzenbestimmungs-Apps. Pflanzen und Tiere erkennen und benennen zu können, liegt im Trend. Wir wollen wieder wissen, was da um uns herum erblüht und kreucht. Und das Wissen erhöht die Freude daran. Man ist einfach stolz, wenn man weiß, dass das Grüne da im Teich Froschlöffel heißt oder dass der Vogel, der da an der Eiche hochläuft, ein Kleiber ist.

Deutschland wird wieder wilder. Luchse und Wölfe kehren zurück. Und die Tourismusbranche entdeckt die intakte Natur als Asset. Besonders hoch im Kurs stehen Naturschutzgebiete. 93 Prozent der Befragten finden Schutzgebiete wichtig, um die Natur für nachfolgende Generationen zu bewahren. Und dem Satz »Es ist die Pflicht des Menschen, die Natur zu schützen« stimmen 75 Prozent der Befragten voll zu. Gleichzeitig wächst der Unmut über den rücksichtslosen Umgang mit der Natur: 91 Prozent stimmen der Aussage »Ich ärgere mich darüber, dass viele Menschen so sorglos mit der Natur umgehen« zu.

Auch wenn das alles leicht gesagt und manchmal schwer und unbequem umzusetzen ist – der Trend ist eindeutig: zurück zur Natur. Nicht alle können, aber immer mehr wollen. Schrebergärten sind in, halb Deutschland wandert, und spätestens seit uns der Förster Peter Wohlleben in die Geheimnisse des Waldes eingeweiht hat, ist der wieder ein Sehnsuchtsort. 32 Prozent der Landfläche in Deutschland sind mit Wald bedeckt.

Die Welt macht uns ein Angebot. Man muss es nur annehmen. »Waldbaden« nennt sich denn auch ein anhaltender Trend. Die Buchläden sind voll von Büchern zu diesem Thema. Spötter mögen jetzt einwenden, dass man so etwas früher schlicht Spazierengehen nannte, aber das trifft es nicht. »Waldbaden« ist mehr. Man latscht hier nicht einfach nur grummelig durch den nächstgelegenen Forst, sondern taucht bewusst ein in ein Biotop. In eine Welt voller Bäume, anderer Düfte, wo der Boden weich ist, die Luft rein und Geräusche der Wildnis vernehmbar sind – wenn wir denn hinhören, statt Kopfhörer zu tragen.

Die in Deutschland lebende Japanerin und Autorin Miki Sakamoto nennt das Waldbaden-Phänomen eine »nach außen gerichtete Meditation«. Forschungen aus den USA bestätigen zudem, dass ältere Menschen, die ja zu Sorgen neigen, weniger ängstlich sind, wenn sie draußen in der Natur unterwegs sind und ihre Umwelt bewusst wahrnehmen. Generell gilt: Die Natur, die Wildnis, Flüsse, Seen, Meere, die Tierwelt in ihrer Artenvielfalt – all das beruhigt uns und macht uns alle zufriedener und zuversichtlicher. Studienergebnisse, veröffentlicht im *Journal of Environmental Psychology*, zeigen, dass besonders Sonnenauf- und Sonnenuntergänge ein Gefühl des Staunens und des Schönen, Erhabenen auslösen. Man nennt das auch den »Wow-Faktor«. Und Staunen verbessert grundsätzlich die Stimmung. Das Wunder der Schöpfung macht gute Laune.

9.

Lebendig sein statt nur funktionieren

Man kann über das Waldbaden lächeln und es für Eskapismus halten, nach dem Motto: Hey, lasst uns alle Bäume umarmen, und die Welt ist in Ordnung! Aber hinter der Sehnsucht nach mehr Resonanz durch direkte Naturerfahrung steckt eine tiefe Krise unserer Gesellschaft.

Es ist die wachsende Angst vor dem, was Hartmut Rosa das »Weltverstummen« nennt: »Wenn wir uns von nichts mehr anrufen und verwandeln lassen oder wenn wir auf die zahlreichen Stimmen da draußen nicht mehr selbstwirksam zu antworten vermögen, sind wir innerlich tot, versteinert, kurz resonanzunfähig.« Es ist das Leben in den immer gleichen Bahnen. Wir funktionieren, statt zu leben. Wo sind die Begegnungen, die Dinge, die uns anrühren und verwandeln, unsere Stimmung aufhellen, festgefahrene Haltungen in Frage stellen?

Auch der Soziologe Harald Welzer sieht uns in einer Sinnkrise. »Alexa kann ja alles bestellen und das Smartphone einem jedes Denken abnehmen«, schrieb Welzer im *Stern*, »aber trotzdem scheinen die Leute ein verschwommenes Gefühl zu haben, dass gelingendes Leben irgendwie doch mehr sein müsste als das, was man kaufen kann.« Welzers Resümee: »Die Welt ist zum Verändern da, nicht zum Ertragen.«

So mancher kennt das. Dieses stumme Ertragen. Und die stille Sehnsucht nach einem anderen, echten und gelingenden Dasein. Da ist dieses nagende Gefühl bei vielen, dass da draußen das Leben weitergeht und pulsiert, aber einem selbst sagt das alles nichts mehr. Man ist in der Welt, man funktioniert, aber die Welt verblasst und wird stumm. Man nimmt innerlich immer weniger teil.

So fühlen sich Depressive. Und davon gibt es immer mehr in Deutschland. Erst kürzlich wurde vom Bundesarbeitsministerium gemeldet, dass sich die Zahl der Fehltage wegen psychischer Erkrankungen in den letzten zehn Jahren in Deutschland verdoppelt hat. Was ist los mit uns? Warum geht es so vielen Menschen in einer so reichen Gesellschaft offenbar so schlecht?

Vielleicht, weil wir uns in einer immer schneller werdenden, immer aggressiveren und weitgehend entzauberten Welt selber überholt und dabei viel zurückgelassen haben. Diese Entwicklung ist nicht neu, aber sie hat sich verschärft. Schon die Philosophen Theodor W. Adorno und Max Horkheimer haben sie in der *Dialektik der Aufklärung* beschrieben. Die Aufklärung hat uns zwar aus der Unmündigkeit geholt, vom Aberglauben befreit und die Macht der Kirche eingeschränkt, aber die dann folgende Herrschaft der instrumentellen Vernunft wurde mit einer Verarmung des Lebens bezahlt. Unsere moderne, verwaltete und wachstumsfixierte Welt wurde berechenbarer, kalkulierbarer, gefühlloser und kälter.

»Mit der Versachlichung des Geistes«, schreiben Horkheimer und Adorno, »werden die Beziehungen der Menschen selber verhext. Auch die jedes Einzelnen zu sich. Er schrumpft zum Knotenpunkt konventioneller Reaktionen und Funktionsweisen zusammen, die sachlich von ihm erwartet werden.«

Erwartungen erfüllen – das kennen wir alle. Dabei drohen viele auf der Strecke zu bleiben. Der allgegenwärtige Optimierungsdruck, die Angst vor Statusverlust und das zunehmende Tempo lassen uns immer mehr tun, aber immer weniger empfinden. Social Media ist der neue, eitle Marktplatz der Meinungen. »Likes« sind unsere emotionale Währung. Wichtig ist, wer viele »Freunde« und Follower hat. Aber das »social« in Social Media ist letztendlich nur eine Simulation von Gemeinschaft. Das Digitale kann das Echte niemals ersetzen.

Der Neurowissenschaftler und Meditationsexperte Boris Bornemann warnt denn auch vor einem zunehmenden Realitätsverlust: »Es gibt ein bedrückendes Grundgefühl bei vielen Menschen, das ihnen sagt: ›Du bist nicht gut genug. Es reicht noch nicht.‹« Und das, so

Bornemann, komme nicht nur, aber vor allem durch die Flut von Vergleichsmöglichkeiten in unserer modernen Gesellschaft. Vor allem in den sozialen Medien. »Da stehen«, sagt Bornemann, »auf Instagram usw. all die kondensierten, idealisierten Bilder, die mir zuraunen: ›So sollte es sein. So sollte ich sein.‹ Und dann stellen viele eben auch diese Idealbilder von sich ins Netz, posen darauf und sagen anderen, aber auch sich selbst: ›So bin ich. Hier – dieser lustige, lässige Typ.‹ Aber das ist ja nie die ganze Wahrheit. Und in dem Moment, wo ich mich anders erfahre – verletzlich, traurig, zweifelnd –, da wird die Diskrepanz zum Idealbild umso größer. Und obwohl genau diese Verletzlichkeit zu mir gehört und wichtig ist, will ich sie nicht zulassen, weil sie nicht passt. In dem Wahn, etwas darstellen zu müssen, verpasse ich es zu sein, zu fühlen, mich wirklich vom Leben berühren zu lassen.«

Und das Unbehagen über das fragwürdige Sein im Internet wächst. **Über ein Drittel der Deutschen würde sich gerne selbst aus dem Netz löschen, wenn sie könnten. Das ergab eine Umfrage unter tausend Kunden des Cybersicherheitsunternehmens *NordVPN*.** Vier von zehn Befragten gaben an, dass sie vor allem unvorteilhafte Fotos oder Videos, peinliche Momente, alte Dating- und Social-Media-Profile und ihre bisherige berufliche Laufbahn gern nicht mehr im Netz sehen würden.

Die Angaben zeigen, wie sehr unsere Vergangenheit

im Internet zu einer außerzeitlichen Verfügungsmasse anonymer Mächte wird, die wir nicht mehr kontrollieren können. Der Satz »Das Netz vergisst nicht« ist ebenso simpel wie erschreckend.

Ist da jemand? Kommunikation ohne Nähe

Die Globalisierung bringt uns scheinbar die ganze Welt ständig näher. Mit dem Smartphone haben wir 24 Stunden am Tag Zugriff auf alles und jeden. Immer klingelt, piept, brummt und summt etwas um uns herum und verlangt unsere Aufmerksamkeit. Und wir reagieren nur noch. Aber dieser Alltagslärm hilft nicht gegen das grundsätzliche Weltverstummen. Ans Handy zu gehen, erzeugt selten echte Resonanz. Es stört meist nur.

Auch Richard David Precht beklagt den allgegenwärtigen »Lärm, die Geschwindigkeit, die Dauerwerbung und den Aufmerksamkeitsraub, die in die sozialen Räume eindringen, ins gemeinsame Essen mit Kindern am Tisch, die Verbundenheit auflösen und Geborgenheit, Stille und das ›Bei-sich-Sein‹ zerschneiden.«

Kein Wunder, dass so viele Menschen Sehnsucht nach Ruhe, Aufgehoben-Sein, echter Gemeinschaft und Resonanz ohne Stress haben.

Lange galt die individuelle Selbstoptimierung im Rausch des Immer-Mehr als das Maß aller Dinge. Mach das Beste aus dir! Werde reicher, gesünder, attraktiver, erfolgreicher! Sei siegreich. Denk an dich! Dabei sind wir Menschen biologisch gesehen alles andere als Einzelkämpfer. Der Arzt, Neurobiologe und Psychotherapeut Professor Joachim Bauer betont die enorme Wichtigkeit von Zugehörigkeitserfahrungen und Vernetzung: »Genauso, wie wir von Nahrung abhängig sind, sind wir von sozialer Akzeptanz abhängig. Ohne Zugehörigkeitserfahrung«, sagt Bauer, »kann niemand biologisch gedeihen.« Spiegelneuronen im menschlichen Hirn sorgen dafür, dass wir fühlen können, was andere fühlen. Für Bauer ist Resonanz der wesentliche Motor für die Entstehung des menschlichen Selbst. Erst, wenn Kleinstkinder lernen, dass andere Menschen auf sie reagieren, entsteht nach und nach durch zweiseitiges Interagieren im kindlichen Hirn ein Ich und ein Du. Und wenn diese Interaktion von Empathie und Zuwendung geprägt ist, entwickelt sich ein gesundes Ich. »Menschliche Gesellschaften sind Resonanzräume. Der Mensch ist ausweislich seiner neurobiologischen Merkmale als soziales Wesen konstruiert. ›Gesehen‹ zu werden, soziale Wertschätzung zu erhalten und sich zugehörig zu fühlen, sind Grundbedürfnisse, die noch vor der Nahrung rangieren.«

Resonanz als prägendes Lebenselixier! »In unserem Selbst steckt immer auch ein Stück ›Du‹ oder ›Wir‹«, resümiert Joachim Bauer.

Kopf-Kribbeln per Video

Manchmal holen wir uns Resonanzerlebnisse mit anderen Menschen auch auf sonderbaren Wegen. Notgedrungen. Wie in den sogenannten ASMR-Videos. Das ist die Abkürzung für Autonomous Sensory Meridian Response. Klingt kompliziert, ist aber denkbar simpel. Unter dem Stichwort ASMR finden sich im Internet mittlerweile unzählige Videos, in denen Menschen vor der Kamera sehr profane Dinge machen. Sie flüstern freundliche Belanglosigkeiten in ein Mikro, falten Handtücher, sie bürsten imaginäre Haare an der Schutzhülle des Mikros, massieren jemandem den Nacken, streichen über ein Stoffkissen oder trommeln mit den Fingern auf einer Unterlage. Mit ungeheurem Erfolg. Manche Videos haben mehrere Millionen Zuschauer. Denn die Alltagshandlungen erzeugen bei vielen Zuhörern und Zuschauern einen wohligen Schauer, ein Kribbeln, das vom Kopf über den Nacken zum Oberkörper wandert.

Das Phänomen ist schwer erklärbar, aber der Bamberger Psychologe Claus-Christian Carbon vermutet, dass die Videos ein Gefühl der Verbundenheit, von menschlicher Nähe und Zuneigung erzeugen. Resonanzerfahrungen via Computer. Für viele offenbar die einzige Möglichkeit, bei Bedarf menschliche Wärme zu empfinden. Und wenn es auch nur eine Simulation ist.

Gemeinsam etwas erschaffen

Wir sind nun mal soziale Wesen. Wir brauchen einander. Kaum etwas ist schöner als Zugehörigkeit, sich aufgehoben und geborgen zu fühlen. In der Familie, in der Partnerschaft, bei Freunden. Mediziner und Psychologen halten deshalb auch die in unserem Land zunehmende Vereinzelung und Einsamkeit für ähnlich gesundheitsschädlich wie Alkohol- oder Drogenmissbrauch. Gemeinsamkeit macht glücklich. Resonanz als Medizin.

Noch besser, wenn dann auch noch etwas zusammen erschaffen wird. Do it yourself! Kurz: DIY. Das klingt altmodisch und ist doch gerade wieder sehr modern. Simon Bauer, Leiter der Volkshochschule in der Stadt Reinbek, sagt: »Es gibt einen deutlichen Trend zum Selbermachen. Die Kurse für Schneidern, Filzen, Tischlern, Bierbrauen oder Töpfern sind voll.« Zwei Drittel der Teilnehmer seien Frauen. »Und es sind«, so Bauer, »erstaunlich viele junge Leute dabei, die gemeinsam lernen wollen, etwas mit den eigenen Händen zu erschaffen.«

Zu Lockdown-Zeiten während der Corona-Pandemie war dieses Bedürfnis besonders groß. Die Antwort auf den Stress und die Angst hieß: basteln, malen, stricken, nähen, werkeln. All das ist auch danach – insbesondere bei jungen Leuten – immer noch beliebt, sagt unter anderem auch eine repräsentative Kinder- und Jugendstudie des Marktforschungsinstitutes *rheingold*. Einer der Gründe, so die *rheingold*-Studie, sei die Erfahrung der Selbstwirksamkeit durch DIY. Wer selbst gestalte, könne nicht gestaltet werden. Wer sich fremdbestimmt fühle, dem tue es gut, selber aktiv zu sein.

Es ist eben äußerst befriedigend, etwas aus eigener Kraft zu entwickeln, Dinge durch eigenes Tun entstehen zu lassen. Dies bestätigt auch eine weitere Studie im Auftrag des *Handelsverbands Heimwerken, Bauen und Garten e. V. BHB*. Tätigkeiten wie Stricken, Nähen, Malen, Basteln oder Backen würden den Befragten oft helfen, den Alltag wieder lebendiger werden zu lassen. Der Trendforscher und Professor für Kommunikationsdesign Peter Wippermann sagt dazu: »Im Alltag entscheidet man sich für Dinge, die fertig geliefert werden. Das Selbermachen hingegen ist etwas Besonderes und mit Stolz für die selbst geschaffene Sache verbunden. Es zählt das Gefühl, etwas bewirkt zu haben.«

Das Selbermachen kann auch ein befriedigendes soziales Erlebnis sein, wenn man von anderen Menschen Anerkennung, Zutrauen oder wertschätzende Anleitung erhält. Selbstwirksamkeit, so die oben erwähnte *rheingold*-Studie, entstehe zunächst natürlich durch die eigene Erfahrung, Probleme bewältigen zu können, aber eben auch dadurch, dass mir die Umwelt bestimmte Fähigkeiten zutraut. Und ich mir selbst! Ich musste, als ich dies las, sofort an das Kinderlied *Ich schaff das schon* des Musikers

Rolf Zuckowski denken. Darin heißt es: »Ich schaff das schon, ich schaff das schon, ich schaff das ganz alleine. Ich komm bestimmt, ich komm bestimmt auch wieder auf die Beine. Ich brauch dazu, ich brauch dazu vielleicht 'ne Menge Kraft, doch ich hab immerhin schon ganz was anderes geschafft.«

Als Erwachsener über Rolf Zuckowski und seine Kinderlieder zu lästern, fällt leicht. Aber ich erinnere mich gern, mit welcher Inbrunst unsere Jungs all diese Songs gesungen haben und wie wichtig sie ihnen waren. Die Botschaft von »Ich schaff das schon« ist genau die, die wir alle schon so oft im Leben mal gebraucht haben. Manchmal ist es schwer. Manchmal gelingt was nicht. Manchmal bin ich verzweifelt. Aber ich bleib dran. Denn: Ich schaff das schon!

Außerdem bieten DIY-Aktivitäten wie Malen, Basteln oder Werken Kindern, Jugendlichen und Erwachsenen den offenbar dringend nötigen Ausgleich zum digitalen Terror, der uns umgibt. Der Psychologe und Nachhaltigkeitsexperte David Marek sagt dazu: »Wir sind eine sehr fragmentierte Expertengesellschaft. Daher gilt es, wieder in ganzheitliche Sinnbezüge eingebunden zu sein, in denen man von der Idee über die Konzeptionierung bis zur Umsetzung und Fertigstellung den gesamten Ablauf erlebt.« Die Erfahrung »Ich mache etwas fertig« sieht Marek für die menschliche Psyche als sehr wichtig an. Etwas selbst herzustellen, zu kochen, zu basteln, zu stricken, ermöglicht genau diese Arbeit am ganzen Stück. Dieses ganzheitliche Moment bleibe vielen Menschen in der Schule und auch in der Berufs- und Arbeitswelt verwehrt.

Glück ist, wenn alles fließt

Das Selbermachen mit seinen zum Teil ritualisierten Abläufen hat noch einen weiteren positiven Aspekt: Es beruhigt und verschafft uns sogenannte Flow-Erlebnisse, in denen wir die äußere Welt ausklammern, unsere Sorgen vergessen und ganz bei dem sind, was wir gerade tun. Die Zeit scheint dann stillzustehen. Wir sind ganz im Hier und Jetzt. Und wenn wir wieder auftauchen aus diesem Flow, haben wir etwas vor uns, das wir selbst geschaffen und nicht einfach gekauft haben. Das befriedigt viele Menschen ungemein. Es erdet.

»Das ist einfach toll«, sagt die Kursleiterin einer Volkshochschule, die dort seit vielen Jahren Nähkurse gibt. »Da kommen abends Frauen nach einem harten Arbeitstag noch zu mir in den Kurs und lassen sich beibringen, wie man sich einen Rock oder eine Bluse näht. Dabei ist neuwertige Kleidung bei uns doch so absurd billig. Aber hier geht es um etwas anderes. Das Ergebnis ist selten perfekt, aber die Teilnehmer können sich am Ende sagen: ›Ich habe das gemacht‹, und tragen die Stücke dann mit

Stolz. Und sie haben vor allem Spaß daran, das zusammen mit anderen zu machen.«

Gemeinsam sehen und fühlen, wie etwas entsteht, das ist pure Magie. Gemeinsam sind wir stark und können auch etwas erreichen. Oder es zumindest versuchen. Immer mehr – vor allem junge Menschen – fragen sich: In welche Welt bin ich gestellt? Was will ich dieser Welt sagen? Und was will ich in dieser Welt machen, außer zu funktionieren? Das sollten wir uns alle fragen.

Meike Winnemuth hat die Antwort in ihrem grünen Mini-Paradies gefunden. »Im Garten zu arbeiten, ist für mich selbstbelohnendes Verhalten«, sagt sie. »Die Tätigkeit ist Belohnung genug, so wie es alle wirklich befriedigenden Formen von Arbeit sind.«

Wir sollten das alle versuchen. Uns dem digitalen Terror entziehen. Runterschalten. Fangen wir doch gleich mal damit an: das Handy aus, dieses Buch später zu Ende lesen, tief durchatmen und einfach mal fünf Minuten aus dem Fenster schauen und abwarten, was passiert. Ihr Gehirn, das wissen Sie jetzt, braucht solche Pausen, um das Gelesene zu verarbeiten.

10.

Digital Detox – Entgiftung im Selbstversuch

Okay, fünf Minuten aus dem Fenster gucken und abwarten, was passiert – das ist schon mal ein Anfang. Aber am Schluss dieses Buches möchte ich Ihnen noch von meinem Versuch erzählen, die ganze Sache mit der Reizüberflutung auch mal etwas länger und schlussendlich sogar grundsätzlich in den Griff zu kriegen. Ich machte deshalb einen kleinen Selbstversuch, der mir erstaunliche Erkenntnisse lieferte.

Vor einiger Zeit konnte ich mit dem Begriff »Digital Detox« überhaupt nichts anfangen. Wieder so ein neuer Modebegriff aus dem Englischen, wie »Digital Native«, »Affiliate Marketing« oder »Early Adopters«, dachte ich mit einem gewissen Würgereiz. Ersparen wir uns die Erklärungen für all die eben genannten Begriffe. Ist alles nicht weiter wichtig. Hier geht es um – tut mir leid, dass ich einknicke und den anglophilen Mist mitmache – »Digital Detox«, weil sich dieser Begriff mittlerweile nun mal durchgesetzt hat. Er meint so viel wie »digitales Entgiften«, also den bewussten Verzicht auf digitale Medien wie Smartphone, Computer oder Tablet. Eine Art Fastenkur. Raus aus der schönen neuen binären Welt und zurück in die analoge.

Das wollte ich gern mal ausprobieren. Mal ganz ohne den Stoff, der die News transportiert. Mal ohne mein digitales Körperteil in der Welt zurechtkommen. Was würde das mit mir machen?

Das Problem: Als Journalist ist das schlecht möglich. Man erwartet von mir ständige Erreichbarkeit, die Kenntnis der aktuellen Nachrichtenlage und das Senden von Themenvorschlägen für die relevanten Konferenzen, die immer noch häufig digital abgehalten werden. Da konnte ich schlecht sagen: »Leute, ich mach mal zwei Wochen Digital Detox. Ihr könnt mich zu Hause auf'm Festnetz anrufen, wenn was ist.« Mein Chefredakteur, ein sehr kultivierter Mensch, hätte sich womöglich zu der Frage »Kester, hast du Lack gesoffen?« hinreißen lassen.

Aber es gibt ja Urlaub! Und da habe ich es ausprobiert – das digitale Entgiften. Hier ist mein Bericht. Ursprünglich aufgeschrieben im Hotelzimmer mit dem Kugelschreiber auf einem guten, alten Notizblock. Denn ins Handy labern mit der bequemen Diktierfunktion, das ging ja nun nicht. Ich musste also Wochen später mühsam meine Sauklaue entziffern und meine Erlebnisse in dieses Dokument übertragen. Also, hier ist mein Entgiftungstagebuch:

Der erste Tag: Es geht auch ohne!

Meine Frau Gesa und ich sind in Bayrischzell in einem Hotel. Wir wohnen in einem lustigen Turmzimmer mit tollem Blick. Nachmittags gleiten Drachenflieger vor der malerischen Kulisse der Berghänge vor unserem Balkon vorbei und landen auf einer großen Wiese. Das Wetter ist super. Die Stimmung gut. Beste Voraussetzungen für einen kalten Entzug.

Das Smartphone habe ich ausgeschaltet und in einen schwarzen Hundekotbeutel gesteckt. Damit will ich für diese Fastenwoche meine ganze Verachtung gegenüber der digitalen Welt demonstrieren. Wir haben auch unser iPad zu Hause gelassen. Und um das Ganze noch härter zu machen, ziehen wir auch den Stecker des TV-Geräts heraus. Wenn schon, denn schon. Wir brauchen das alles nicht. Wir haben Bücher dabei. Und wir haben uns. Und wir haben doch Gesprächsstoff. Ich zumindest kann manchmal labern, bis anderen die Ohren bluten.

Da wir früh genug im Hotel angekommen sind und unsere Koffer ausgepackt haben, machen wir noch eine Wanderung. Stiefel und Jacke an. Ich klopfe, wie immer, vor dem Verlassen des Zimmers meine Taschen ab. Alles dabei? Portemonnaie, Schlüssel, Handy? Ach nee. Kein Handy. Fühlt sich komisch an. Da liegt es, in den Tiefen meines Koffers im Kackbeutel.

Wenn Sie sich (und auch mich) jetzt fragen: »Wieso hat der Depp es denn überhaupt mitgenommen?«, dann antworte ich: Das habe ich extra gemacht. Um mich zu prüfen. Die Droge sollte in Griffnähe daliegen, aber ich würde stärker sein. Damit ich hier jetzt in diesem Buch den siegreichen inneren Kampf beschreiben kann. Das Ding zu Hause zu lassen, schien mir zu einfach zu sein. Meine Frau hat ihr Handy übrigens mitgenommen, aber versprochen, es in meiner Gegenwart nicht zu benutzen. Sie ist ohnehin nicht so »abhängig« wie ich und will für unsere Jungs erreichbar sein. Womit wir schon beim ersten Trugschluss des modernen Smartphone-Nutzers sind: Er glaubt, dass er ständig und sofort erreichbar sein muss. Früher waren wir das ja auch nicht. Die Jungs wissen, wie unser Hotel heißt. Und wenn was wirklich Wichtiges wäre, könnten sie nach kurzer Recherche im Netz einfach dort anrufen und eine Nachricht für uns an der Rezeption hinterlassen. So aber kommt die folgende, eminent wichtige Frage sofort bei uns über Gesas Smartphone an: »Hey Mum, bin bei euch im Haus mit ein paar Kumpels. Dürfen wir uns ein, zwei Flaschen Wein aufmachen? Von dem roten, den Papa immer unseren Hauswein zum Einfach-so-Reinlöten nennt?«

Also diese Frage hätte ja nun wirklich warten können. Obwohl: Unten im Keller liegt ja auch der ›gute‹ Wein, das Geschenk vom großen Zeichner Til Mette zu meinem 60. Geburtstag. Mit extra gestaltetem Etikett. Darauf ein Selbstbildnis von Til und die Zeile: »Geile Plörre und sauteuer!« Wenn die Jungs diesen Wein wegdübeln würden, wäre ich sauer. Aber eigentlich weiß Hannes ja, welches der richtige ist. Also, es wäre auch ohne digitale Kommunikation gut gegangen. So aber antwortete Gesa nun Hannes während unserer Wanderung in einem schönen Tal, dass es okay mit dem Hauswein ist. Und dass im Tiefkühler noch vegane Bolognesesoße sei. Die dürften sie gern auftauen und essen, falls sie Hunger haben.

Irgendwie passt dieser Nachrichtenaustausch nicht zum lauen Sommerwind, der mir durchs schüttere Haar weht, während wir an einem Bächlein entlangwandern. Wein und Nudelsoße hätten auch ohne unsere Unterstützung in die Mägen der Jugend gefunden.

»Jetzt mach mal das Ding aus«, sage ich zu Gesa.

»Ich mache leise, okay?«, antwortet sie.

Denn wenn was sei zu Hause, wolle sie das schon wissen und ab und an mal aufs Display gucken.

Ich komme mir schon am ersten Tag wie ein weiser, analoger Guru vor und schüttele missbilligend den Kopf. Aber ich bin ja der digitale Entgifter und nicht meine Gattin. Also halte ich den Mund, und wir gehen weiter. Auf der restlichen Wanderung haben wir Ruhe. Nichts klingelt. Nichts fiept. Keine Corona-App warnt. Herrlich.

Der erste Abend – und alle anderen sind online

Nach zwei Stunden sind wir wieder in unserem Hotelzimmer. Ich hänge die Jacke an die Garderobe und greife zum Handy. Mal sehen, ob jemand … Ach, Mist. Ich entgifte ja. Die Macht der Gewohnheit. Hmmm. Schon blöd, nicht zu wissen, wer sich gemeldet hat. Sonst schickt mir Oliver ja immer die Hot News aus der Redaktion rüber. Hat er vielleicht gemacht. Aber er hat sie ins Nichts gesendet bzw. in den hündischen Notdurftbehälter. Ich werde sie irgendwann lesen, aber nicht jetzt. Nicht in diesem Urlaub.

Noch ist etwas Zeit bis zum Abendessen. Ich greife zu einem Buch. Der neueste Thriller von Lee Child und dessen Held Jack Reacher. Da kann man nix falsch machen. Schnörkellose, gradlinige Abenteuer. Immer gleich, aber gut geschrieben. Beinahe 19 Uhr. Im ZDF läuft jetzt das *heute-Journal*. Ich linse zu Gesa rüber. Auf ihrem Nachttisch liegt die Fernbedienung. Auch ein Tor zur Welt. Die Miene meiner Gattin ist eindeutig. Keine Chance. Sie hasst Fernsehgucken im Urlaub. Na ja, die Welt wird schon nicht untergegangen sein. Jack Reacher macht in meinem Buch gerade drei Rocker platt. Auch schön. Ich dämmere weg und träume, dass mein Handy in der dunklen Tüte weint.

Dann geht es zum Essen ins Hotelrestaurant. Wir bekommen einen recht schönen Tisch. Der Laden ist schon gut gefüllt. Jeder hat ein Smartphone dabei, wie ich sehe. Sie liegen auf den Tischen neben Geldbörsen oder lauern in Handtaschen. Fast jeder wird sein Handy im Verlauf des Abends in die Hand nehmen, etwas googeln, fotografieren, eine Nachricht lesen und beantworten oder telefonierend den Raum verlassen. Irre, wie sehr alle mit den Dingern verwachsen sind. Und ich war bis gestern einer von ihnen. Fühle ich mich nun allen überlegen? Eher etwas defizitär, wenn ich ehrlich bin.

Ich überlege, was ich esse, kenne aber einen Begriff aus der Menükarte nicht: »Fürstinnen-Art«. Gesa auch nicht. Den hätte ich jetzt schnell gegoogelt, geht aber nicht. Wir fragen den Kellner, der sehr freundlich und kompetent antwortet. Das Gericht sei eines mit Spargelspitzen, Trüffeln und Champignons. Ein kurzes, persönliches Gespräch. Ein kleiner Resonanzmoment.

Zwischen den Gängen hätte ich wohl trotzdem mal aufs Handy geguckt. Einfach so. Jedes Mal, wenn das einer im Restaurant macht, verspüre ich den Drang, in meine Tasche zu greifen und es ihm oder ihr gleich zu tun. Ich fühle mich wie ein Raucher, der sieht, wie andere genüsslich eine durchziehen. Gesa ist so nett, ihr Handy in der Tasche zu lassen. Wir unterhalten uns gut. Auch ohne zu wissen, was im Kanzleramt los ist, wer in der Bundesliga gewonnen oder verloren hat, oder wie der *Tatort* am Sonntag war.

KAPITEL 10

Nachts, wenn das Handy ruft

Später im Bett lese ich noch ein wenig in meinem Krimi. Dann Licht aus. Normalweise habe ich im Urlaub mein Handy im Flugmodus neben dem Bett liegen, damit ich, wenn ich aufwache, weiß, wie spät es ist. Jetzt liegt da nix, und unseren Wecker haben wir vergessen. Und meine Uhr hat keine Leuchtziffern. Aber mir Gesas Handy für die Nacht als Wecker zu leihen, geht natürlich nicht. Entgiften muss man konsequent. Ich wache ein paar Mal auf, denke: »Wie spät es wohl jetzt ist?«, und schlafe wieder ein. Warum auch nicht? Wir sind ja im Urlaub.

Morgens im Halbschlaf greife ich wie zu Hause als Erstes nach dem Smartphone. Ich will die Uhrzeit checken. Und die Breaking News. Mal gucken, was so los ist. Dann fällt mir ein, dass da ja nix liegt. Nur das Buch. Irgendwie komisch. Den Tag zu beginnen, ohne zu wissen, was in der Welt los ist. Ich spüre Unruhe. Mist, ich bin echt ein News-Junkie. Egal. Die Welt dreht sich weiter, auch wenn ich nicht weiß, was Sache ist.

Erst mal eine Runde schwimmen und dann Frühstück. Im Restaurant liest ein Mann Zeitung. Darf ich das auch? Ist ja ein analoges Medium. Hinten auf einem Tisch liegen noch welche. Ich gehe hin, scanne kurz die Headlines, will zugreifen, lasse es dann aber. Erstens sind die Nachrichten von gestern. Und zweitens klingen alle

Überschriften bekannt. Der Koalitionskrach geht also weiter. Muss ich das wissen? Nö!

Später machen wir wieder eine Wanderung. Ich kann für die Planung meine sehr hilfreiche Wander-App, die verschiedene Routen anbietet und uns führen würde, ja nicht benutzen. Und Gesa solidarisiert sich. Also gehen wir in eine Tourist-Information, lassen uns beraten und kaufen – völlig abgefahren – eine Karte und einen kleinen, gedruckten Wanderführer mit verschiedenen Touren. Geht prima damit. Und einmal, als wir trotzdem unsicher sind, fragen wir sogar einen Einheimischen nach dem Weg. Crazy! Haben wir ewig nicht gemacht. Und der Mann hat auch noch tolle Tipps für uns, wo wir einkehren können und was wir in dieser oder jener Hütte unbedingt essen sollten. Netter Typ, nettes Gespräch. Hätten wir mit dem Smartphone und der Wander-App nicht erlebt. Die hätte uns nur mit einer seelenlosen Stimme den Weg erklärt: »Nach hundert Metern haben Sie das Ziel erreicht. Das Ziel befindet sich auf der linken Seite.«

Fast analoger Hüttenzauber

Dieses Ziel, eine Almhütte mit Bewirtung, liegt atemberaubend schön in einem Tal. Schade, dass wir kein Foto mit dem Handy machen können. Wir beide vor diesem Panorama – wäre ein cooles Profilbild bei WhatsApp.

Gesa wühlt in ihrem Rucksack. »Schau mal«, sagt sie, »unsere alte, kleine Kamera!«, und grinst.

Wir machen also doch Fotos. Es ist eine digitale Kamera, aber ich finde, das gilt jetzt nicht als Rückfall. Wir gucken einfach die Bilder auf dem Display nicht sofort an, erst später im Hotelzimmer. Guter Kompromiss. Die Fotos sind schön, auch wenn sie nicht als neues Profilbild bei WhatsApp landen. Es reicht ja, wenn wir sie sehen. Und irgendwie war es auch nett, so ein kleines bisschen Aufschub zu haben. Diese vier Stunden Pause zwischen Knipsen und Anschauen. Früher in den analogen Zeiten waren das Tage. Dann konnte man sich seine Fotos im Fotoladen oder in der Drogerie in einer Papiertasche abholen, schaute schon mal flüchtig rein, ob es auch die richtigen waren, und sah sie sich dann zu Hause in Ruhe an. Das hatte was. Heute knipsen wir alle wie irre mit unseren Handys oder Digital-Kameras rum und laden die Fotos dann später auf den Rechner zu den anderen 6000 Bildern. Die wir alle gar nicht mehr angucken können, weil wir keine Zeit dafür haben. Weniger ist tatsächlich manchmal mehr.

Erst in diesem Urlaub wird mir richtig klar, wie sehr wir alle mit unseren Smartphones verwachsen sind. Ich sehe Mütter und Väter, die Kinderwagen schieben. Aber sie sehen ihre Kinder nicht an. Und auch kaum die Landschaft. Sie sind am Handy zugange. In der digitalen Welt, nicht in der echten. Mir fällt ein, dass ich vor einigen

Wochen an dem Jugendzentrum in der Nachbarstadt vorbeigegangen bin, in dem ich als Jugendlicher Stammgast war. Es liegt an einem See in der Nähe eines Schlosses. Das war für mich und meine Freunde damals ein sehr wichtiger Ort. Wir hatten sonst kaum Möglichkeiten, uns irgendwo zu treffen. Und so kamen wir ins JUZ, lümmelten auf den alten Sperrmüllsofas mit den Flokatis herum und quatschten über alles, was uns beschäftigte, machten Pläne, kickerten oder spielten Billard.

Als ich also vor ein paar Wochen am diesem JUZ vorbeiging, bot sich mir ein ganz anderes Bild. Etwa zehn Jugendliche hielten sich drinnen auf. Aber sie sprachen nicht miteinander. Jeder starrte auf ein Smartphone. Sie saßen zwar dort, waren aber nicht wirklich da. Ich fand diesen Anblick erschütternd. Was taten die da? Sahen sie sich allein irgendwelche Filmchen an? Checkten sie ihre Instagram- oder Tik-Tok-Accounts? Tauschten sie sich mit anderen Jugendlichen per Social Media aus, obwohl doch welche direkt neben ihnen saßen?

Von einem ähnlichen Erlebnis erzählte mir eine befreundete Lehrerin. Bei einem Schüleraustausch trafen deutsche und französische Teenager aufeinander. Aber statt miteinander zu reden, Freundschaften zu knüpfen und zusammen »in der Welt zu sein«, starrten fast alle die meiste Zeit auf ihre Handys. Wildes Tippen und Scrollen statt Rumalbern, Reden oder Flirten. Warum nur? Mussten sie alle im Netz stattfinden, obwohl das echte Leben doch neben ihnen saß? Meine Freundin wusste es nicht. Und ich auch nicht, als ich kopfschüttelnd in mein altes Jugendzentrum hineinsah. Ich wusste nur, dass sich sehr viel verändert hat. Und auch ich hatte mich verändert. Auch ich würde wohl heute als 16-Jähriger dort sitzen und chatten.

Akute Neugier-Attacke

Zurück zum Digital-Detox-Experiment: Es geht also auch ohne Smartphone. Aber in den ersten Tagen nicht ohne ein sonderbares Gefühl der Unruhe. Ich genieße unsere Wanderungen, den Wellness-Bereich im Hotel, das gute Essen. Ich bin in der echten, der analogen Welt, fühle mich aber abgeknipst von der digitalen, in der jetzt sicher die Post abgeht. Was, wenn mich jetzt jemand anmailen oder kontaktieren will? Vielleicht der Verlag, der dieses Buch rausbringen wird? Wollen sie das Manuskript früher haben? Wollen sie das Buch später veröffentlichen? Gab es Breaking News in der Redaktion? Abgänge? Neuzugänge? Skandale?

Ich erkranke an akuter Neugier. Der Gier nach Neuem. Die Symptome: Nervosität, Herzklopfen, Gereiztheit. Typische Entzugserscheinungen.

Aber ich halte stand und empfinde nach drei Tagen ein sonderbares Freiheitsgefühl: Ich bin auch ohne Smartphone ein vollständiger Mensch. Ich vermisse nichts. Ich nehme mehr wahr. Bin mehr im Hier und Jetzt. Fühlt sich eigentlich ganz gut an. Ich weiß, das ist ein Experiment, eine Ausnahme. Ich kann als Journalist nicht auf digitale Medien und News verzichten. Aber ich kann anders mit ihnen umgehen.

Nach sieben Tagen schalte ich mein Smartphone wieder ein. Ich finde vier SMS, fünfzehn WhatsApp-Nachrichten und zweihundertfünfzig Mails, das meiste Spam mit wunderschönen, völlig irrwitzigen Lockwort-Betreff-Zeilen wie »Kester Schlenz mehr Spaß am Sex Karl Lauterbach«.

Ich wertete alles aus. Mein Fazit: sechs Mails waren relevant und eine SMS. Und nix auf WhatsApp. Die digitale Welt hatte sich weitergedreht, ohne dass ich in ihr stattfinden oder von ihr erreicht werden musste. Die relevanten Mails habe ich beantwortet, aber keine war so wichtig, dass sie nicht sieben Tage hatte warten können. Allerdings hatte ich natürlich auch eine automatische Abwesenheitsmeldung verschickt. Man kann ja heute jedem sagen, dass man jetzt mal eine Woche offline ist. Niemand beschwert sich darüber. Das ist zumindest meine Erfahrung.

Und wie geht es jetzt weiter?

Natürlich besteht bei solchen Selbstversuchen immer die Gefahr, dass man zwar kurzfristig bekehrt oder sogar begeistert ist von dem »anderen« Verhalten, aber dann im Alltag schnell wieder die alten Muster bedient. Die neurologischen Autobahnen im Gehirn sind einfach zu gut ausgebaut, um uns problemlos andere Wege nehmen zu lassen. Man muss da schon aktiv in den geistigen Straßenbau gehen. Und sich Verhaltensänderungen wirklich vornehmen. Zumindest bei mir ist das so.

Als ich also merkte, dass ich nach meinem Digital-Detox-Abenteuer wieder genauso oft zum Smartphone griff wie vorher und dass ich mailte und simste, als sei nichts gewesen, rief ich: »Halt inne, Kester!« Also, es waren nicht exakt diese dramatischen Worte, aber sinngemäß habe ich das gedacht. Ich merkte: Ohne einen Plan, ohne feste Vorsätze, die auch realisiert werden mussten, würde es nicht gehen. Und so beschloss ich Folgendes:

1. Das Handy wird nachts komplett ausgeschaltet und in einiger Entfernung vom Bett deponiert.
2. Ich checke Mails oder Social-Media-Accounts zu festen Zeiten und nicht dauernd und wahllos. Nur alle zwei Stunden zum Beispiel.
3. Ich ignoriere die Erwartungshaltung anderer, dass ich immer und sofort auf Nachrichten reagiere. Ich erziehe meine Kontakte zu Geduld und Akzeptanz.
4. Ich erlaube keine Pushnachrichten mehr und checke Newsseiten höchstens drei Mal am Tag.
5. Ich kontrolliere meine Bildschirmzeit und reduziere sie systematisch. Stattdessen schaffe ich mir Kopf-frei-Räume, wie sie der Neurologe Volker Busch empfiehlt.
6. Ich lasse mich nicht mehr stundenlang durch Filmchen ablenken, die mir der Algorithmus passgenau schicken lässt. Ich esse ja auch keine ganze Tüte Chips auf einmal. Die Dosis macht das Gift.
7. Ich lese keine Mails oder Nachrichten mehr kurz vor dem Schlafengehen. Habe ich oft gemacht. Noch eben schnell die dienstlichen Mails gecheckt, um auf die Woche vorbereitet zu sein. Das hat mir so oft schlaflose Nächte eingebracht, und fast nie war das Lesen am Abend hilfreich, eher im Gegenteil.
8. Das Wochenende ist Freizeit, also auch Zeit, die frei von Mails, Twitter-Kriegen, News-Terror und vor allem frei von Job-Nachrichten ist. Montags geht es wieder weiter. Gern auch die wichtigen Mails früh am

Montag checken, aber nicht am Wochenende. Schon gar nicht am Sonntag. Da hat ja sogar Gott geruht.

So, alles, was ich erzählen wollte, ist erzählt. Ich hoffe, Sie haben sich in vielem wiedergefunden. Und teilen mein Unbehagen gegenüber der Reizüberflutung, dem Informationsterror und all den Forderungen der modernen Welt, die wir nur mit großer Mühe oder gar nicht erfüllen können.

Wir kommen nicht mehr mit. Bleiben wir also einfach mal stehen und lassen die digitale Karawane weiterziehen. Die kommen auch alle noch drauf, dass es so nicht weitergeht.